Vincenzo Massimo Majuri

Questa è la nostra fede

Cover image: www.ingimage.com

Publisher:
Edizioni Accademiche Italiane
is a trademark of
Dodo Books Indian Ocean Ltd. and OmniScriptum S.R.L Publishing group
Str. Armeneasca 28/1, office 1, Chisinau-2012, Republic of Moldova, Europe
Printed at: see last page
ISBN: 978-620-2-00018-5

A S. Ecc. Rev. Mons. Giovanni Accolla
Arcivescovo Metropolita di
Messina –Lipari – S. Lucia del Mela e
Archimandrita del SS.mo Salvatore

con gratitudine

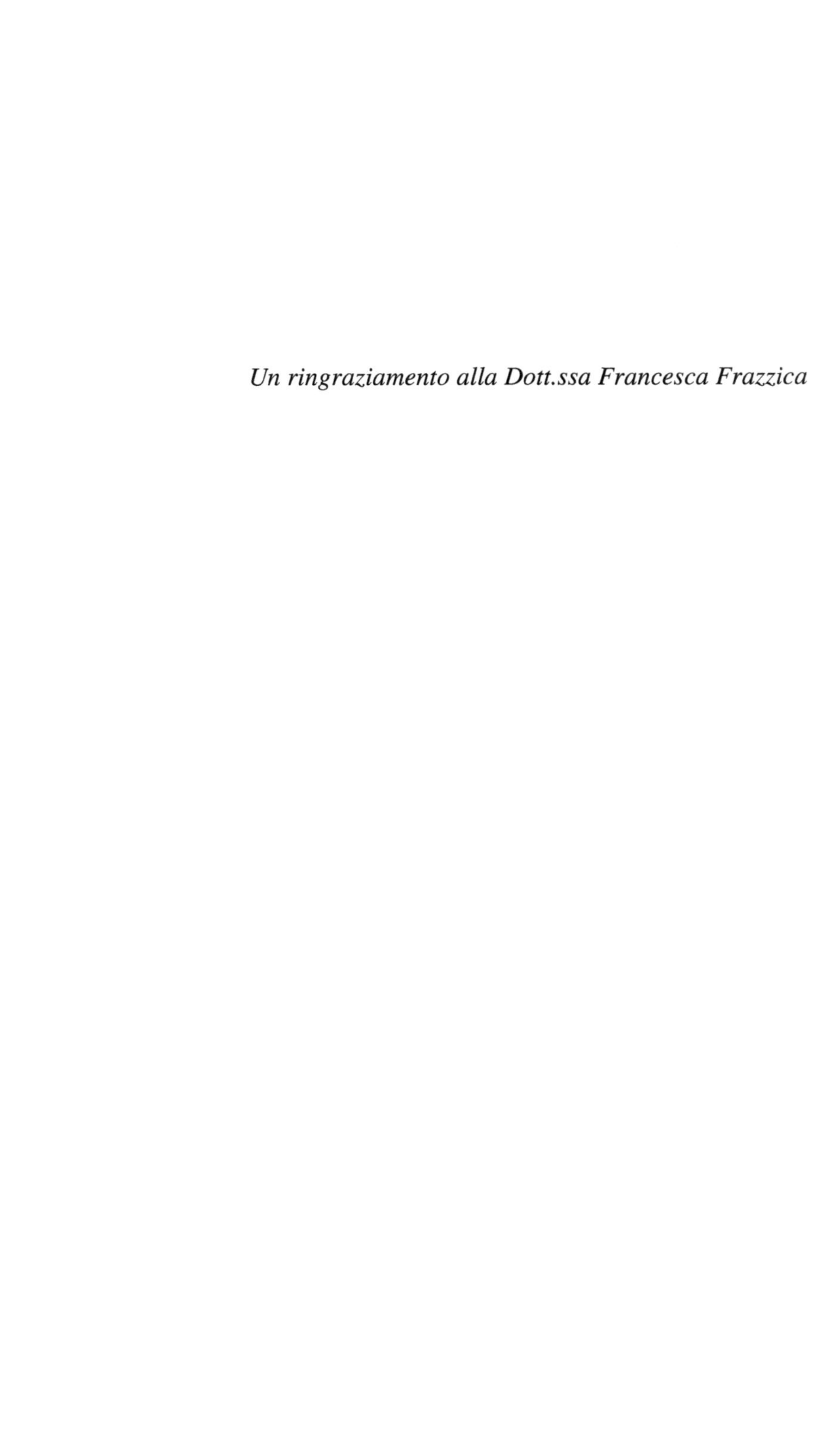

Un ringraziamento alla Dott.ssa Francesca Frazzica

SOMMARIO

SIGLE

AAS : *Acta Apostolicae Sedis. Commentarium officiale*, Roma- Città del Vaticano, 1909 ss.

AA : CONCILIO ECUMENICO VATICANO II, *Apostolicam actuositatem*. Decreto sull'apostolato dei laici, 18 novembre 1965, in: EV, 1, 912-1041.

AG : CONCILIO ECUMENICO VATICANO II, *Ad Gentes*. Decreto sull'attività missionaria della Chiesa, 7 dicembre 1965, in: EV, 1, 1087-1242.

CCL : *Corpus Christianorum. Series Latina*, Brepols, Turnhout 1954 ss.

CCC : *Catechismo della Chiesa Cattolica*, 11 ottobre 1992, LEV, Città del Vaticano 1992.

CD : CONCILIO ECUMENICO VATICANO II, *Christus Dominus*. Decreto sull'ufficio pastorale dei vescovi nella Chiesa, 28 ottobre 1965, in: EV, 1, 573-701.

CIC : *Codex iuris canonici*, 25 gennaio 1983, in: EV, 8.

Denz-Schönm: DENZINGER H., *Enchiridion symbolorum, definitionum et declarationum de rebus fidei et morum*, Dehoniane, Bologna 2009.

DV : CONCILIO ECUMENICO VATICANO II, *Dei Verbum*. Costituzione dogmatica sulla divina rivelazione, 18 novembre 1965, in: EV, 1, 872-911.

GS : CONCILIO ECUMENICO VATICANO II, *Gaudium et Spes*. Costituzione pastorale sulla Chiesa nel mondo contemporaneo,7 dicembre 1965, in: EV, 1, 1319-1644.

EV : *Enchiridion Vaticanun. Documenti ufficiali della Santa Sede*, Dehoniane, Bologna 1966 ss.

LG : CONCILIO ECUMENICO VATICANO II, *Lumen Gentium*. Costituzione dogmatica sulla Chiesa, 21 novembre 1964, in: EV, 1, 284-445.

NA : CONCILIO ECUMENICO VATICANO II, *Nostra aetate*. Dichiarazione sulle relazioni della Chiesa con le religioni non-cristiane, 28 ottobre 1965, in: EV, 1, 853-871.

PG : MIGNE J.P. (ed.), *Patrologiae cursus completus. Series Graeca*, Migne, Parigi 1857-1886.

PL : MIGNE J.P. (ed.), *Patrologiae cursus completus. Series Latina*, Migne-Garnier, Parigi1844-1864.

SC : CONCILIO ECUMENICO VATICANO II, *Sacrosanctum Concilium*. Costituzione sulla sacra liturgia, 4 dicembre 1963, in: EV, 1, 1-244.

UR : CONCILIO ECUMENICO VATICANO II, *Unitatis redintegratio*. Decreto sull'ecumenismo, 21 novembre 1964, in: EV, 1, 494-572.

PREFAZIONE

Anche in questo tempo di riscoperta della dimensione «sinodale» della Chiesa, ritornano, quasi come slogan le pluridecennali espressioni «il nostro è il tempo per la nuova evangelizzazione», «occorre ri-evangelizzare il nostro mondo», «la fede non è più un fatto sociale; tutt'al più è relegata nella sfera privata», «servono testimoni e non maestri» ed espressioni simili che mettono, evidentemente, in relazione *nuova evangelizzazione* e *fede*.
Come già sostenevo e scrivevo[1] nell'Anno della Fede promosso da papa Benedetto XVI, la trasmissione della fede con una «nuova evangelizzazione» non può ridursi a questione organizzativa o strategica, né tanto meno si tratta di un problema di ricerca di modelli alternativi alle attuali forme d'azione pastorale. Meno che mai, come già annotava san Giovanni Paolo II nella *Novo millennio ineunte* [2], si può trattare di elaborare un «nuovo Vangelo» dato che «Gesù Cristo è lo stesso ieri oggi e sempre[3]».

Ho deciso, pertanto, di ritornare su quanto a suo tempo scritto, per fornirne una nuova edizione riveduta, aggiornata e ampliata, sempre a partire dalla domanda: «che cosa significa 'nuova evangelizzazione'? Sostengo ancora che voglia dire essenzialmente fornire una risposta adeguata ai segni dei tempi[4] (cfr. *Mt 16,3*), ai bisogni dei singoli e delle comunità, degli individui e dei popoli di oggi, ai nuovi scenari prospettati dallo sviluppo tecnico, medico e scientifico in generale, che mostrano la cultura attraverso la quale esprimiamo la nostra identità e cerchiamo il senso delle nostre esistenze.

Occorre avere il coraggio di riportare la domanda di Dio dentro questo nostro mondo, attraverso una testimonianza di fede che ritrovi «qualità e motivi», offrendo così alle persone del nostro tempo una possibilità ragionevole e attraente di uscire dal «deserto interiore» dell'«*etsi Deus non daretur*»[5] per lasciarsi irrorare alle sorgenti del «*Deus daretur in nobis et in mundo*».
È proprio scrutando «i segni dei tempi» che appare chiaro come il primo nostro dovere in questo momento storico sia: annunciare il Vangelo di Cristo, poiché il Vangelo è vera fonte di libertà e di umanità. E per poter meglio fare ciò occorre che la fede vada *ripensata* e soprattutto *rivissuta* oggi in modo nuovo e personale per diventare una cosa che appartiene al presente.

Quanto al *ripensare* la fede: la Sacra Scrittura e il Magistero della Chiesa, la riflessione teologica e la catechesi, sono fonti cui tornare ad attingere ordinariamente e abbondantemente sia a livello personale sia a livello comunitario. Senza una solida riflessione teologica che sia in grado di produrre le ragioni del credere, la scelta del credente non sarebbe davvero tale. Ripetizione di formule o di celebrazioni, di contenuti appresi a memoria, nella migliore delle ipotesi, o di gesti vuoti, non porta con sé la forza che nasce invece dall'incontro con Cristo, persona viva che cambia e trasforma la propria vita. Saper dare ragione di questo permette ai credenti di essere nuovi evangelizzatori in un mondo che cambia velocemente.

---

[1] Cfr. V.M. MAJURI, *Io credo. Appunti per un cammino di formazione cristiana,* Messina 2012.

[2] Cfr. GIOVANNI PAOLO II, *Novo millennio ineunte*. Lettera apostolica a conclusione del Grande Giubileo del 2000, 06.01.2001, 29: «Ci interroghiamo con fiducioso ottimismo, pur senza sottovalutare i problemi. Non ci seduce certo la prospettiva ingenua che, di fronte alle grandi sfide del nostro tempo, possa esserci una formula magica. No, non una formula ci salverà, ma una Persona, e la certezza che essa ci infonde: *Io sono con voi!* Non si tratta, allora, di inventare un « nuovo programma». Il programma c'è già: è quello di sempre, raccolto dal Vangelo e dalla viva Tradizione. Esso si incentra, in ultima analisi, in Cristo stesso, da conoscere, amare, imitare, per vivere in lui la vita trinitaria, e trasformare con lui la storia fino al suo compimento nella Gerusalemme celeste. È un programma che non cambia col variare dei tempi e delle culture, anche se del tempo e della cultura tiene conto per un dialogo vero e una comunicazione efficace. Questo programma di sempre è il nostro per il terzo millennio».

[3] *Eb 13,8.*

[4] Cfr. *Sap 8,8*: «*Se uno desidera anche un'esperienza molteplice, essa conosce le cose passate e intravede le future, conosce le sottigliezze dei discorsi e le soluzioni degli enigmi, pronostica segni e portenti, come anche le vicende dei tempi e delle epoche*».

[5] U. GROZIO, *De Jure belli ac pacis*, Prolegomeni, XI.

Quanto al *vivere* la fede: già papa san Paolo VI faceva notare che: «il mondo di oggi non ascolta più volentieri i maestri, ma ascolta i testimoni. E se ascolta i maestri è perché sono testimoni»[6].

Nella *Lettera alla Comunità Diocesana per l'Anno Pastorale 2019-2020 «Tutti chiamati alla testimonianza cristiana»*, l'Arcivescovo di Messina Lipari S. Lucia del Mela mons. Giovanni Accolla scrive:

> «risulta evidente come sia il primo annuncio di Cristo, sia ogni percorso di fede debbano ripartire dalla testimonianza gioiosa dell'amicizia con Gesù e dalla lettura sapienziale della Parola di Dio, la cui fondamentale importanza è stata ulteriormente ribadita da Papa Francesco attraverso l'istituzuione della "Domenica della Parola" nella III Domenica del Tempo Ordinario, con il recente Motu Proprio "*Aperuit illis*". La Parola va incarnata nelle situazioni concrete della vita per illuminarle di senso e orientarle alla novità del Vangelo»[7].

In una intervista rilasciata da papa emerito, Benedetto XVI alla domanda «cosa sia la fede» così risponde:

> «Per un verso la fede è un contatto profondamente personale con Dio, che mi tocca nel mio tessuto più intimo e mi mette di fronte al Dio vivente in assoluta immediatezza in modo cioè che io possa parlargli, amarlo ed entrare in comunione con lui. Ma al tempo stesso questa realtà massimamente personale ha inseparabilmente a che fare con la comunità: fa parte dell'essenza della fede il fatto di introdurmi nel noi dei figli di Dio, nella comunità peregrinante dei fratelli e delle sorelle. La fede deriva dall'ascolto (fides ex auditu), ci insegna san Paolo. L'ascolto a sua volta implica sempre un partner. La fede non è un prodotto della riflessione e neppure un cercare di penetrare nelle profondità del mio essere. Entrambe le cose possono essere presenti, ma esse restano insufficienti senza l'ascolto mediante il quale Dio dal di fuori, a partire da una storia da Lui stesso creata, mi interpella. Perché io possa credere ho bisogno di testimoni che hanno incontrato Dio e me lo rendono accessibile. La Chiesa non si è fatta da sé, essa è stata creata da Dio e viene continuamente formata da Lui. Ciò trova la sua espressione nei sacramenti, innanzitutto in quello del battesimo: io entro nella Chiesa non già con un atto burocratico, ma mediante il sacramento. E ciò equivale a dire che io vengo accolto in una comunità che non si è originata da sé e che si proietta al di là di se stessa. La pastorale che intende formare l'esperienza spirituale dei fedeli deve procedere da questi dati fondamentali. È necessario che essa abbandoni l'idea di una Chiesa che produce se stessa e far risaltare che la Chiesa diventa comunità nella comunione del corpo di Cristo. Essa deve introdurre all'incontro con Gesù Cristo e portare alla Sua presenza nel sacramento»[8].

La Chiesa che papa Francesco vuole, quella dello stile proprio di Dio fatto di vicinanza, compassione e tenerezza, è la Chiesa del Signore che con la sua presenza stabilisce maggiori legami di amicizia con la società e il mondo. «Una Chiesa che non si separa dalla vita – aggiunge il Papa –, ma si fa carico delle fragilità e delle povertà del nostro tempo, curando le ferite e risanando i cuori affranti con il balsamo di Dio».

Lo stesso Sinodo non può concepirsi come un parlamento e meno che mai come un'indagine sulle opinioni. Ai partecipanti al momento di riflessione[9] che ha preceduto l'avvio del processo sinodale vero e proprio, il Papa ha ricordato che il Sinodo è un tempo di grazia e una occasione privilegiata di incontro, ascolto e riflessione e al tempo stesso è anche una grande opportunità per una conversione pastorale in chiave missionaria ed ecumenica.

---

[6] PAOLO VI, *Evangelii nuntiandi*. Esortazione apostolica, 08.12.1975, 41.

[7] G. ACCOLLA, *Tutti chiamati alla testimonianza cristiana. Lettera dell'Arcivescovo alla Chiesa Diocesana per l'Anno Pastorale 2019-2020*, 24.10.2019, 3.

[8] BENEDETTO XVI, *Intervista* di J. Servais, su Avvenire, 03.2016.

[9] Cfr. FRANCESCO, *Discorso ai partecipanti al momento di riflessione per l'inizio del percorso sinodale*, 09.10.2021.

Bisogna, però, guardarsi da tre rischi. Il *formalismo*, che lo riduce a un puro evento straordinario, «ma di facciata, proprio come se si restasse a guardare una bella facciata di una chiesa senza mai mettervi piede dentro». L'*intellettualismo*, che ne fa una specie di gruppo di studio «con interventi colti ma astratti, quasi un parlarsi addosso dove si procede in modo superficiale e mondano». L'*immobilismo* del «si è sempre fatto così», tipico di chi cade nell'errore di non prendere sul serio il tempo che abitiamo, assumendo soluzioni vecchie per problemi nuovi. Per questo, rimarca il Papa, il Sinodo per essere tale deve «coinvolgere in fasi diverse e a partire dal basso le Chiese locali, in un lavoro appassionato e incarnato che imprima uno stile di comunione e partecipazione improntato alla missione». Di qui il richiamo al coinvolgimento di tutti, in forza del Battesimo, sorgente di vita del cristiano, da cui «deriva l'uguale dignità dei figli di Dio, pur nella differenza di ministeri e di carismi». Solo così il Sinodo sarà espressione viva dell'essere Chiesa. «Se manca una reale partecipazione di tutto il popolo di Dio – sottolinea papa Francesco – i discorsi sulla comunione rischiano di restare pie intenzioni». E citando san Giovanni Paolo II ribadisce che «comunione e missione rischiano di essere termini un po' astratti se non si coltiva una prassi ecclesiale che esprima la concretezza della sinodalità in ogni passo del cammino e dell'operare, promuovendo il reale coinvolgimento di tutti e di ciascuno». Il nesso profondo tra la fede professata e quella vissuta apre così, come del resto è ovvio, al tema della testimonianza che si caratterizza per coerenza, trasparenza e veracità. Ricordando l'antico detto medievale «*agere sequitur esse*», una più chiara conoscenza della propria fede, ripensata alla luce della Scrittura e della Tradizione ecclesiale, non può non portare a una più chiara testimonianza di vita[10], per una fede non individualisticamente interpretata né intellettualisticamente concepita, piuttosto comunitariamente compresa e sinodalmente vissuta.

Al credente, '*fidei viator in hoc mundo*', affido questi «appunti per un itinerario di vita cristiana»[11] come piccolo contributo che lo aiuti a ripensare la fede, al fine di poterla vivere con rinnovato entusiasmo e maggiore autenticità, perché non sia come «un cibo ricco e nutriente a cui però manca sapore» o come «una partita più o meno ben giocata, ma senza gol»[12].

29 settembre 2022 – *Festa dei Ss. Michele, Gabriele e Raffaele*

---

[10] Cfr. BENEDETTO XVI, *Porta fidei*, 3: «Non possiamo accettare che il sale diventi insipido e la luce sia tenuta nascosta (cfr. *Mt 5,13-16*). Anche l'uomo di oggi può sentire di nuovo il bisogno di recarsi come la samaritana al pozzo per ascoltare Gesù, che invita a credere in Lui e ad attingere alla sua sorgente, zampillante di acqua viva (cfr. *Gv 4,14*). Dobbiamo ritrovare il gusto di nutrirci della Parola di Dio, trasmessa dalla Chiesa in modo fedele, e del Pane della vita, offerti a sostegno di quanti sono suoi discepoli (cfr. *Gv 6,51*). L'insegnamento di Gesù, infatti, risuona ancora ai nostri giorni con la stessa forza: "Datevi da fare non per il cibo che non dura, ma per il cibo che rimane per la via eterna" (*Gv 6,27*). L'interrogativo posto da quanti lo ascoltavano è lo stesso anche per noi oggi: "Che cosa dobbiamo compiere per fare le opere di Dio?" (*Gv 6,28*). Conosciamo la risposta di Gesù: "Questa è l'opera di Dio: che crediate in colui che egli ha mandato" (*Gv 6,29*). Credere in Gesù Cristo, dunque, è la via per poter giungere in modo definitivo alla salvezza».

[11] Cfr. V. M. MAJURI, *«Fede è sustanza di cose sperate e argomento delle non parventi; e questa pare a me sua quiditate» (Par. XXIV, vv. 64-66). La virtù della fede per Dante Alighieri*, in Littera 3 (2014) 2, 43-64.

[12] FRANCESCO, *Angelus* del 10.10.2021. Commentando l'incontro di Gesù con un uomo che aveva molti beni (Mc 10,22), poi passato alla storia come "il giovane ricco" (cfr *Mt* 19,20-22), papa Francesco propone un test sulla fede. [Prima questione] La religiosità e la fede non si spiegano innanzitutto con la logica del dovere, «un fare per avere; "faccio qualcosa per ottenere quel che mi serve". [...] un *do ut des*. La fede, invece, non è un rito freddo e meccanico, un "devo-faccio-ottengo". È questione di libertà e di amore. La fede è questione di libertà, è questione di amore. [...] Se è principalmente un dovere o una moneta di scambio, siamo fuori strada, perché la salvezza è un *dono* e non un dovere, è gratuita e non si può comprare [...]. [Seconda questione] da dove nasce e rinasce la fede: non da un dovere, non da qualcosa da fare o pagare, ma da *uno sguardo* di amore da accogliere. Così la vita cristiana diventa bella, se non si basa sulle nostre capacità e sui nostri progetti, ma si basa sullo sguardo di Dio. [...] Questo è l'inizio della fede: lasciarsi amare da Lui, che è padre. Dopo la domanda e lo sguardo c'è [Terza questione] *un invito* di Gesù, che dice: «Una cosa sola ti manca». Che cosa mancava a quell'uomo ricco? Il dono, la gratuità: «Va', vendi quello che hai, dallo ai poveri» (v. 21). È quello che forse manca anche a noi [...] Una fede senza dono, una fede senza gratuità è una fede incompleta, è una fede debole, una fede ammalata. Potremmo paragonarla a un cibo ricco e nutriente a cui però manca sapore, o a una partita più o meno ben giocata ma senza gol: no, non va, manca il "sale"».

Le versioni del Simbolo Niceno-Costantinopolitano: *greca, latina, italiana*

VERSIONE GRECA

Πιστεύω εἰς ἕνα Θεόν, Πατέρα Παντοκράτορα, ποιητὴν οὐρανοῦ καὶ γῆς, ὁρατῶν τε πάντων καὶ ἀοράτων. Καὶ εἰς ἕνα Κύριον Ἰησοῦν Χριστόν, τὸν Υἱὸν τοῦ Θεοῦ τὸν μονογενῆ, τὸν ἐκ τοῦ Πατρὸς γεννηθέντα πρὸ πάντων τῶν αἰώνων· φῶς ἐκ φωτός, Θεὸν ἀληθινὸν ἐκ Θεοῦ ἀληθινοῦ, γεννηθέντα οὐ ποιηθέντα, ὁμοούσιον τῷ Πατρί, δι' οὗ τὰ πάντα ἐγένετο. Τὸν δι' ἡμᾶς τοὺς ἀνθρώπους καὶ διὰ τὴν ἡμετέραν σωτηρίαν κατελθόντα ἐκ τῶν οὐρανῶν καὶ σαρκωθέντα ἐκ Πνεύματος Ἁγίου καὶ Μαρίας τῆς Παρθένου καὶ ἐνανθρωπήσαντα. Σταυρωθέντα τε ὑπὲρ ἡμῶν ἐπὶ Ποντίου Πιλάτου, καὶ παθόντα καὶ ταφέντα. Καὶ ἀναστάντα τῇ τρίτῃ ἡμέρᾳ κατὰ τὰς Γραφάς. Καὶ ἀνελθόντα εἰς τοὺς οὐρανοὺς καὶ καθεζόμενον ἐν δεξιᾷ τοῦ Πατρός. Καὶ πάλιν ἐρχόμενον μετὰ δόξης κρῖναι ζῶντας καὶ νεκρούς, οὗ τῆς βασιλείας οὐκ ἔσται τέλος. Καὶ εἰς τὸ Πνεῦμα τὸ Ἅγιον, τὸ κύριον καὶ τὸ ζωοποιόν, τὸ ἐκ τοῦ Πατρὸς ἐκπορευόμενον, τὸ σὺν Πατρὶ συμπροσκυνούμενον καὶ συνδοξαζόμενον, τὸ λαλῆσαν διὰ τῶν προφητῶν. Εἰς μίαν, Ἁγίαν, Καθολικὴν καὶ Ἀποστολικὴν Ἐκκλησίαν. Ὁμολογῶ ἓν βάπτισμα εἰς ἄφεσιν ἁμαρτιῶν. Προσδοκῶ ἀνάστασιν νεκρῶν. Καὶ ζωὴν τοῦ μέλλοντος αἰῶνος. Ἀμήν.

VERSIONE LATINA

Credo in unum Deum, Patrem omnipotèntem, factòrem caeli et terrae, visibilium òmnium et invisibìlium.

Et in unum Dòminum Iesum Christum, Filium Dei unigènitum, et ex Patre natum ante òmnia saècula. Deum de Deo, lumen de lùmine, Deum verum de Deo vero, gènitum, non factum, consubstantiàlem Patri; per quem òmnia facta sunt. Qui propter nos hòmines et propter nostram salùtem descèndit de caelis, et incarnàtus est de Spìritu Sancto ex Maria Vìrgine, et homo factus est. Crucifìxus ètiam pro nobis sub Pòntio Pilàto; passus et sepùltus est, et resurrèxit tèrtia die, secùndum Scriptùras, et ascèndit in caelum, sedet ad dèxteram Patris.

Et ìterum ventùrus est cum glòria, iudicàre vivos et mòrtuos, cùius regni non erit finis.

Et in Spìritum Sanctum, Dòminum et vivificàntem: qui ex Patre Filiòque procèdit. Qui cum Patre et Fìlio simul adoràtur et conglorificàtur: qui locùtus est per prophètas.

Et unam, sanctam, cathòlicam et apostòlicam Ecclèsiam. Confìteor unum baptìsma in remissiònem peccatòrum. Et exspècto resurrectiònem mortuòrum, et vitam ventùri saèculi. Amen

VERSIONE ITALIANA

Credo in un solo Dio, Padre onnipotente, creatore del cielo e della terra, di tutte le cose visibili e invisibili.

Credo in un solo Signore, Gesù Cristo, unigenito Figlio di Dio, nato dal Padre prima di tutti, i secoli; Dio da Dio, Luce da Luce, Dio vero da Dio vero, generato, non creato, della stessa sostanza del Padre; per mezzo di lui tutte le cose sono state create. Per noi uomini e per la nostra salvezza discese dal cielo, e per opera dello Spirito Santo si è incarnato nel seno della Vergine Maria e si è fatto uomo. Fu crocifisso per noi sotto Ponzio Pilato, morì e fu sepolto. Il terzo giorno è risuscitato, secondo le Scritture, è salito al cielo, siede alla destra del Padre. E di nuovo verrà, nella gloria, per giudicare i vivi e i morti, e il suo regno non avrà fine.

Credo nello Spirito Santo, che è Signore e dà la vita, e procede dal Padre e dal Figlio. Con il Padre e il Figlio è adorato e glorificato, e ha parlato per mezzo dei profeti.

Credo la Chiesa, una santa cattolica e apostolica. Professo un solo battesimo per il perdono dei peccati. Aspetto la risurrezione dei morti e la vita del mondo che verrà. Amen

CAPITOLO PRIMO

DIO PADRE CREATORE

(CCC 185-384)

Credo in un solo Dio, Padre onnipotente.
Creatore del cielo e della terra,
di tutte le cose visibili e invisibili.

1.1 Dio

La nostra professione di fede incomincia con Dio, perché Dio è «il primo e l'ultimo» (*Is 44, 6*), il Principio e la Fine di tutto. Il Credo incomincia con Dio Padre, perché il Padre è la prima Persona divina della Santissima Trinità; il nostro Simbolo incomincia con la creazione del cielo e della terra, perché la creazione è l'inizio e il fondamento di tutte le opere di Dio[13].
Questa prima affermazione è anche la più importante, fondamentale, dell'intero Simbolo. Tutto il Simbolo parla di Dio e se parla anche dell'uomo lo fa in rapporto a Dio.
Tutti gli altri articoli dipendono dal primo. Essi ci fanno meglio conoscere Dio, quale si è rivelato progressivamente agli uomini. «Giustamente quindi i cristiani affermano per prima cosa di credere in Dio»[14].

1.1.1 Credo in un solo Dio

L'Unicità di Dio. Dio è unico. Non c'è che un solo Dio

שמע ישרשל יהוה אלהנו יהוה אחד

(Shemà Israel, Adonai eloenu, Adonai ead)
Ascolta, Israele: il Signore è il nostro Dio, unico è il Signore....[15]

«Volgetevi a me e sarete salvi,voi tutti confini della terra, perché io sono Dio, non ce n'è altri [...] *davanti a me si piegherà ogni ginocchio, per me giurerà ogni lingua". Si dirà: "Solo nel Signore si trovano giustizia e potenza!".Verso di lui verranno, coperti di vergogna, quanti ardevano d'ira contro di lui»*[16].

1.1.2 Unico Dio in Tre Persone

Leggiamo nei documenti del Concilio Lateranense IV:

«Crediamo fermamente e confessiamo apertamente che uno solo è il vero Dio, eterno e immenso, onnipotente, immutabile, incomprensibile e ineffabile Padre, Figlio e Spirito Santo: tre Persone, ma una sola Essenza, Sostanza, cioè Natura assolutamente semplice»[17].

---

[13] CCC 198.
[14] Cfr. CCC 199.
[15] *Dt 6,4*; *Mc 12,29*.
[16] *Is 45,22-24*.
[17] CONCILIO LATERANENSE IV (1215): DS, 800.

1.1.3 Dio rivela il suo Nome

Il Sacro Tetragramma (le sacre quattro lettere)		Significato
HWHY	יהוה	Io sono colui che È Io sono colui che Sono; Io sono chi Io Sono; Io Sono

Occorre fare alcuni rilievi:

a. Dio non rivela un "nome" bensì la sua essenza o natura
b. Dio è Essere e fa Essere
c. Da *Elohim* a YHWH [da *Il Dio degli dei* a *Io sono colui che È*]
d. Il popolo ebreo, per rispetto non pronuncia YHWH. Pur essendo scritto YHWH, nella lettura lo si sostituisce dicendo «*Adonai*» = «*Signore*» = (in greco «*Kyrios*»). Con questo titolo si proclamerà la divinità di Gesù: "Gesù è il Signore"[18].

1.1.4 Alcune sue caratteristiche

Nella Scrittura, oltre alla fondamentale affermazione che «Dio è», si affermano di Dio alcune caratteristiche:

a) Dio è fedele, non mente[19]
b) Dio è luce e in Lui non ci sono tenebre[20]
c) Dio è verità: «*La verità è principio della tua parola, resta per sempre ogni sentenza della tua giustizia*»[21].«*Ora, Signore Dio, tu sei Dio, le tue parole sono verità*»[22].
d) La verità di Dio regge tutto l'ordine della creazione e del governo del mondo[23]
e) Dio, che da solo ha fatto cielo e terra, può donare, Egli solo, la vera conoscenza di ogni cosa creata nella sua relazione con Lui[24].
f) Dio è amore[25].
g) L'amore di Dio è eterno[26]: «*Anche se i monti si spostassero e i colli vacillassero, non si allontanerebbe da te il mio affetto, né vacillerebbe la mia alleanza di pace, dice il Signore che ti usa misericordia*»[27]. «*Ti ho amato di amore eterno, per questo continuo a esserti fedele*»[28]. «*Dio infatti ha tanto amato il mondo da dare il Figlio unigenito, perché chiunque crede in lui non vada perduto, ma abbia la vita eterna*»[29].

Sono, invece, suoi appellativi propri, suoi «nomi» propri: Padre, Onnipotente, Creatore.

---

18 Cfr. *At 2,26*; *Fil 1,11.*
19 Cfr. *Es 34,6.*
20 *1 Gv 4,8.*
21 *Sal 119,160.*
22 *2 Sam 7,28.*
23 Cfr. *Sap 13,1-9.*
24 Cfr. *Sap 7,17-21.*
25 *1 Gv 4, 8.16.*
26 *Is 54, 8.*
27 *Is 54,10.*
28 *Ger 31,3.*
29 *Gv 3,16.*

1.2 Padre

a) Padre in quanto Creatore[30]
b) Padre in forza dell'Alleanza e del dono della Legge fatto a Israele, suo «figlio primogenito»[31]
c) Padre del re d'Israele[32]
d) Si prende cura di tutti con amorevole provvidenza[33]
e) Misericordioso e benigno[34]
f) Padre del suo popolo
g) Padre in relazione al Figlio[35]
h) Il Figlio rivela il Padre[36]
i) La preghiera del Signore: il Padre nostro[37]

1.3 Onnipotente

a) *Nulla è impossibile a Dio*[38]
b) Dio manifesta la sua onnipotenza convertendoci dai nostri peccati e ristabilendoci nella sua amicizia con la grazia
c) Il mistero dell'apparente impotenza di Dio: l'esperienza del male e della sofferenza
d) Dio ha manifestato la sua onnipotenza nel volontario abbassamento nella risurrezione del Figlio suo, per mezzo del quale ha vinto il male[39]

1.4 Creatore

בראשית ברא אלהים
(Bereshit barà elohim)
In principio Dio creò il cielo e la terra...[40]

1.4.1 Le domande fondamentali dell'uomo

Domande imperiture dell'uomo che si interroga *de sensu* sono:

- Da dove veniamo?
- Dove andiamo?
- Chi siamo?
- Perché esistiamo?

---

30 Cfr. *Dt 32,6*; *Mt 2,10.*
31 Cfr. *Es 4,22.*
32 Cfr. *2 Sam 7,14.*
33 Cfr *Sal 23, 1ss*; *Mt 5,45*; *Mt 6,5-34*; *Mt 10,28-31*; *Rm 8,28ss.*
34 Cfr. *Es 34,5-6*; *Is 30,18*; *49,14*; *54,7*; *Ger 31,20*; *Os 6,1*; *Sir 18,13*; *Sal 51,3*; *Sal 103,8ss*; *Sal 130,7*; *Sal 136,1ss*; *Lc 15,20*; *Ef 2,4.*
35 Cfr. *Mt 3,17*; *Mt 16,16*; *Mc 1,11*; *Lc 3,22*; *Gv 1,34.*
36 Cfr. *Mt 11,25*; *Mc 14,36* («Abba»); *Mt 7, 21*; *Mt 11,27*; *Mc 13,32*; *Gv 1,1.14.18*; *Gv 5,17ss*; *Gv 6,40ss*; *Gv 8,12ss*; *Gv 10,15ss*;
Gv 11,41; *Col 1,15*; *Eb 1,3.*
37 *Mt 6, 9*; *Lc 11,2.*
38 *Gn 18,14*; *Lc 1,37*; *Mt 19,36.*
39 Cfr. *Es 1,5-11.*
40 *Gn 1,1.*

1.4.2 Le risposte umane a tali domande

- **Panteismo**: dal greco (*πάν* = tutto e *θεός* = Dio), vuol dire letteralmente «Dio è il tutto» e «il tutto è Dio») è una visione per cui ogni cosa è permeata da un Dio immanente o per cui l'Universo, o la natura sono equivalenti a Dio.
- **Dualismo / Manicheismo**: si tratta di una concezione filosofica o teologica che vede la presenza di due essenze o principi opposti ed inconciliabili: la coppia bene/male, luce/tenebre, dio buono/dio cattivo, ecc. Una delle forme più celebri è il Manicheismo, corrente filosofica e religiosa fondata dal predicatore iranico Mānī (215-277 d.C.).
- **Gnosi**: o gnosticismo è corrente filosofico-teologica indicante un gran numero di sette panteistico - idealistiche fortemente diverse tra loro che sorsero da poco prima dell'Era cristiana al V secolo e che, prendendo in prestito la teologia delle principali religioni contemporanee, specialmente del Cristianesimo, sostenevano che la materia fosse un deterioramento dello spirito e l'intero universo una depravazione della Divinità ed insegnavano che il fine ultimo, attraverso la conoscenza (*«γνῶσις»*), era il superamento della bassezza della materia ed il ritorno allo spirito primigenio.
- **Deismo**: (dal latino *deus*) è una filosofia razionalistica della religione sviluppatasi nei secoli XVII e XVIII in Europa continentale che pur ribadendo l'esistenza di Dio la configura in termini differenti da quelli della dottrina cristiana tradizionale. In realtà esso assume anche alcuni elementi del panteismo di Spinoza, ma riconferma l'esternalità di Dio rispetto all'universo.
- **Materialismo**: paradigma filosofico tendente ad affermare la sola esistenza della materia e la sua esperibilità, negante ogni forma di trascendenza e spiritualità.

1.4.3 La risposta cristiana

- È possibile conoscere con certezza l'esistenza di Dio Creatore attraverso le sue opere, grazie alla luce della ragione umana, anche se questa conoscenza spesso è offuscata e sfigurata dall'errore. Per questo la fede viene a confermare e a far luce alla ragione nella retta intelligenza di queste verità[41]
- Dio è la causa prima di tutte le cose
- La creazione è opera della Santissima Trinità
- Dio ha creato tutto per mezzo della sua Parola[42]
- Per mezzo del Figlio, Verbo del Padre, sono state create tutte le cose[43]
- Dio ha creato per amore, con un atto libero e volontario
- Tutto è stato fatto per la gloria di Dio, non per aggiungere ad essa qualcosa ma perché essa si manifestasse alle creature e perché queste partecipassero ad essa
- Questo è il fine ultimo della creazione: che Dio «che di tutti è il creatore possa anche essere "tutto in tutti"[44] procurando ad un tempo la sua gloria e la nostra felicità»[45]
- Questo è il disegno di Dio: ricapitolare in Cristo tutte le cose[46]
- Dio ha creato dal nulla tutte le cose
- Dio ha creato non da materia preesistente ma da lui stesso: Dio è la causa prima di tutte le cose
- Dio trascende la creazione ed è ad essa presente

[41] CCC 286.
[42] Cfr. *Gn 1,3*.
[43] *Gv 1,1-3.10*; *Col 1,1*.
[44] *1 Cor 15,28*.
[45] CCC 294; CONCILIO ECUMENICO VATICANO II, AG 2.
[46] *Ef 1,10*.

- Dio conserva e regge la creazione con benevola provvidenza
- Dio ha liberamente voluto creare un mondo «in stato di via» verso la sua perfezione ultima[47]
- Dio può permettere il male fisico e morale se non per trarre, da essi, il bene: «*noi sappiamo che tutto concorre al bene, per quelli che amano Dio, per coloro che sono stati chiamati secondo il suo disegno*»[48].

Un testo salmo celebra Dio (il grande Hallel)[49] così: «*Lodate il Signore egli è buono! ... I cieli ha fatto con sapienza, la terra ha stabilito sulle acque, ha fatto le grandi luci, il sole a reggere i giorni, la luna e le stelle a reggere la notte*». E il popolo a ogni verso risponde: «*Eterno è il suo amore!*».

1.4.4 La letteratura extra-biblica

L'epopea di Atra-Hasis

Questo racconto ci è noto attraverso una copia ritrovata a Babilonia e datata al 1600. In questo lungo poema di 1645 linee, gli dei, affaticati, dai troppi compiti che devono svolgere, decidono di creare l'uomo per farlo lavorare: lo modellarono con l'argilla mescolata al sangue di un dio sgozzato. Ma l'umanità prolifera, fa chiasso, stanca gli dei che mandano diversi flagelli e, infine, il diluvio. Ma il dio Ea avverte un uomo (Hutnapistin) che costruisce una nave e vi fa salire la sua famiglia e una coppia di tutti gli animali.

Il poema *Enouma Elish*

Il poema *Enouma Elish* racconta la nascita degli dei, a partire da *Apsu,* principio maschile e da *Tiamàt,* principio femminile. *Tiamât* vuole distruggere i giovani dèi che la insidiano. Questi delegano il loro potere a *Marduk* (il dio di Babilonia), il quale uccide *Tiamàt* e gli dèi che gli avevano chiesto aiuto. Poi, con il suo corpo, costituisce il mondo.

L'epopea di *Gilgamesh*

Questo racconto della Mesopotamia antica racconta di Gilgamesh, eroe di Sumer. Egli si rende insopportabile agli dei per il suo orgoglio. Essi gli suscitano un rivale, Enkidu, un mostro che vive con le bestie. Umanizzato da una donna, egli diventa amico di Gilgamesh e i due compiono insieme imprese straordinarie. Ma un giorno Enkidu muore. Gilgamesh scopre l'atrocità della morte e parte alla ricerca dell'immortalità. L'eroe del diluvio gli dà il segreto della pianta della vita. Gilgasmesh riesce a impadronirsene, ma un serpente gliela ruba. Gilgamesh deve rassegnarsi a morire ...*e le lacrime colorano lungo il naso...*

Il mito del dio egiziano Shu

Un papiro egiziano datato tra il 1100-950 a.C. racconta del dio *Shu*, dio dell'aria atmosferica. Egli separa *Nut*, sua figlia, la volta celeste, da *Geb*, suo figlio, la terra.

Questi racconti esprimono alcune verità fondamentali:

a) Unicità di Dio
b) Dio, con un atto d'amore, libero e volontario, crea tutte le cose ed è distinto dal creato

---

[47] CCC 310.
[48] *Rm 8,28.*
[49] Cfr. *Sal 135.*

c) Bontà delle cose create
d) Particolare dignità della creatura umana
e) Unicità e complementarietà del rapporto uomo-donna
f) Liturgia del tempo
g) Sacralità del sabato

1.4.5 I due racconti della creazione nella Sacra Scrittura *Gn 1,1-2,4a* e *Gn 2, 4b -25*

1.4.5.1 Note esegetiche di Gn 1,1-25 e Gn 2,1-4 (creazione delle cose)

vv. 1-2 *In principio Dio creò il cielo e la terra. La terra era informe e deserta e le tenebre ricoprivano l'abisso e lo spirito di Dio aleggiava sulle acque*

v. 1 *In principio Dio creò:*

- *In principio* - vedi *Gv* 1,1 (in Cristo si realizza una nuova creazione)
- *creò* (barà) = è l'azione dello scultore che trasforma una materia grezza.
- La *mentalità* semitica faticava a esprimere concetti astratti come è appunto il "nulla". L'autore sacro ricorre alle seguenti tre immagini:

v. 2

1. *La terra era informe e deserta*
2. *e le tenebre*
3. *ricoprivano l'abisso*

- Assenza di vita, silenzio e desolazione
- Negazione della luce
- Abisso = *Tehom* (da *Tiamât*)
- Le categorie filosofiche di "essere" e di "nulla"
- La creazione "ex nihilo" = "dal nulla"
  2Mac 7,28 «Ti scongiuro, figlio, contempla il cielo e la terra, osserva quanto vi è in essi e sappi che Dio li ha fatti non da cose preesistenti; tale è anche l'origine del genere umano»

v.3 *Dio disse: «Sia la luce!». E la luce fu*

- *1Gv 1,54 «Dio è luce e in lui non c'è tenebra alcuna»*
- *2Cor 4,6 «E Dio, che disse: «Rifulga la luce dalle tenebre», rifulse nei nostri cuori, per far risplendere la conoscenza della gloria di Dio sul volto di Cristo»*
- *Gv 8,12 «Io sono la luce del mondo; chi segue me, non camminerà nelle tenebre, ma avrà la luce della vita».*

Note *Dio disse... e fu...*

- Dio crea con la sua parola
- La creazione non è il risultato di una lotta intradivina, come insegnavano i miti dell'Antico Vicino Oriente, ma tutto avviene per una libera, volontaria, amorevole decisione di Dio

	Dio vide che era cosa buona	• Dio si compiace di ciò che ha creato. La sua gioia si espande in tutto l'universo
vv. 5.8.13.19.23.31	*E fu sera e fu mattino*	• Non si tratta di una suddivisione cronologica ma liturgica
v.9	*...e appaia l'asciutto*	• Es 14, 16.29 = gli Ebrei attraversano il mare sull'asciutto. L'uscita dall'Egitto segna, per il popolo ebraico, una nuova era
Gn 2,2-3	*Dio, nel settimo giorno, portò a compimento il lavoro che aveva fatto e cessò nel settimo giorno da ogni suo lavoro che aveva fatto. [3]Dio benedisse il settimo giorno e lo consacrò, perché in esso aveva cessato da ogni lavoro che egli aveva fatto creando*	• La scansione del tempo è orientata alla liturgia del Sabato
Mt. 28,1; Mc 16, 9; Lc 24,1; Gv 20,1	*Il primo giorno dopo il sabato*	• L'ottavo giorno: - *Il giorno del Signore* - *Kyriake hemèra* - *Dies Domini* - *La Domenica* • Con la sua gloriosa risurrezione, il primo giorno dopo il sabato, Cristo porta a compimento i giorni della creazione e inaugura un nuovo tempo

1.4.5.2 Note esegetiche di Gn 1,26-31 e Gn 2,7-25 (creazione dell'uomo)

Gn 1,27	*Dio creò l'uomo a sua immagine a immagine di Dio lo creò*	*wayyibarà 'elohim et-ha'adam bezalmò* *bezelem 'elohim barà' 'otò* *zakàr u-neqebàh barà' 'otàm*
	a immagine di Dio	*1. nella capacità di dominio sulle cose create* *2. nella capacità di amare* *3. nella capacità di relazione* *4. nell'unità e complementarietà* *5. nella intelligenza* *6. nella bontà* *7. nella libertà* *8. nella volontà* *9. nell'immortalità*

	Creò l'uomo… *maschio e femmina*	*maschio* = *zakàr* = *puntuto* *femmina* = *neqebàh* = *forata* L'uomo è creato come un'unità formata da due parti ad incastro. Ciò indica la complementarietà delle due parti stesse. La relazione umana, maschio-femmina, è ad immagine della relazione intratrinitaria
v.31	*Dio vide quanto aveva fatto, ed ecco, era cosa molto buona*	• *Per le creature* - era cosa buona • *Per l'uomo* - era cosa *molto* buona
Gn 2,7	*… allora il Signore Dio plasmò l'uomo con polvere del suolo divenne un essere vivente* *…e soffiò nelle sue narici…*	*polvere del suolo* = 'adam = "il polveroso" - "il terroso" • *soffiò* - È lo stesso gesto che Gesù fece sugli apostoli apparendo loro dopo la sua risurrezione: (vedi *Gv 20,22-23*) *«Pace a voi». Detto questo, soffiò e disse loro: «Ricevete lo Spirito Santo. A coloro a cui perdonerete i peccati, saranno perdonati; a coloro a cui non perdonerete, non saranno perdonati»*
	…un alito di vita	• *alito* = *ruah* Il soffiare di Gesù indica l'inizio di una nuova creazione nello Spirito Santo (vedi *Gn 1,1*) *« … e lo spirito di Dio aleggiava sulle acque»*
	…e l'uomo divenne un essere vivente	dalla cosa più insignificante (la polvere del suolo) Dio crea la creatura più grande: l'uomo. Il salmista canta: *«O Signore, Signore nostro, quanto è mirabile il tuo nome su tutta la terra! Voglio innalzare sopra i cieli la tua magnificenza, con la bocca di bambini e di lattanti* […] *Quando vedo i tuoi cieli, opera delle tue dita, la luna e le stelle che tu hai fissato, che cosa è mai l'uomo perché di lui ti ricordi, il figlio dell'uomo, perché te ne curi? Davvero l'hai fatto poco meno di un dio, di gloria e di onore lo hai coronato. Gli hai dato potere sulle opere delle tue mani, tutto hai posto sotto i suoi piedi:* […] *O Signore, Signore nostro, quanto è mirabile il tuo nome su tutta la terra!». (Sal 8,2ss)*

		• L'uomo riceve la vita da Dio
v. 15	*perché lo coltivasse e lo custodisse...*	• Dio affida all'uomo il mondo
v. 18	*gli voglio fare un aiuto che gli sia simile*	cezer kenegdó = Lett. *"uno di fronte"* (come sta un uomo davanti allo specchio)
v. 19	L'uomo dà il nome alle creature	• Dare il nome indica: - la superiorità rispetto alle cose a cui viene dato il nome; - il possesso delle cose nominate
v. 21	Il Signore fece scendere un torpore sull'uomo.	• È Dio ad agire. L'uomo riposa. Quanto viene fatto è opera di Dio
	Gli tolse una delle costole	• Costola = tselà Significa: *vita* oppure: *la cosa che sta vicina rispetto alle altre* • Gv 19,34 – Una lancia trafisse il corpo immacolato di Cristo. Dallo squarcio uscì sangue ed acqua. Da Cristo dormiente, nel sonno della morte, il Padre trasse la Chiesa quale nuova Eva
v. 23	*«Questa volta essa è carne dalla mia carne e ossa dalle mie ossa».*	• zo't = *"questa sì..."* È un'esclamazione di gioia riferita all'amore coniugale
v. 23b	*uomo ... donna*	• uomo = *ish* = uomo • donna = *ishshah* = uoma

1.4.6 La creazione degli angeli

Nel Simbolo della Fede si afferma che Dio ha creato il mondo invisibile, ossia gli angeli.

- Gli angeli sono esseri spirituali, incorporei, personali, immortali, dotati di intelligenza e volontà
- Per la natura si dicono spiriti, per l'ufficio si dicono angeli[50]
- Gli angeli sono servitori e messaggeri di Dio
- Vedono sempre la faccia del Padre ... che è nei cieli[51]
- Gli angeli sono costituiti in Troni, Dominazioni, Principati e Potestà[52]
- Da Dio sono incaricati a compiere le missioni che Egli affida loro per la salvezza e la realizzazione del disegno di salvezza: chiudono il paradiso terrestre, proteggono Lot, salvano Agar e il suo bambino, trattengono la mano di Abramo, guidano il popolo di Dio, annunciano nascite e vocazioni, assistono i profeti. L'angelo Gabriele annunzia la nascita

[50] Cfr. AGOSTINO, *Enarratio in Psalmos*, CIII, 1, 15.
[51] Cfr. *Mt 18,10.*
[52] Cfr. *Col 1,16.*

del Precursore e quella dello stesso Gesù[53]. Gli angeli sono presenti in tutta la vita di Cristo: annunciano la sua nascita, cantano per la sua incarnazione, lo assistono dopo la tentazione nel deserto, lo confortano durante la sua agonia, proclamano la sua risurrezione

- Al ritorno di Cristo, che essi annunciano, saranno là, al servizio del suo giudizio
- Assistono la Chiesa nel suo pellegrinaggio terreno
- Cantano nella liturgia celeste
- Continuano a cantare nella liturgia della Chiesa
- Ogni fedele ha al proprio fianco un angelo come protettore e pastore, per condurlo alla vita[54]

1.4.7 Lo stato di grazia

Che cosa si intende per «stato di grazia»[55]?

- L'uomo non solo è stato creato buono, ma è stato costituito in una tale amicizia con il suo creatore e in una tale armonia con se stesso e con la creazione, che saranno superate soltanto dalla gloria della nuova creazione in Cristo[56]
- I primi uomini sono stati costituiti in uno stato «di santità e di giustizia originali»[57]
- L'uomo dominava il mondo e se stesso. Tale dominio è inteso come padronanza di sé
- L'uomo, poiché libero dalla concupiscenza che lo rende schiavo dei piaceri dei sensi, della cupidigia dei beni terreni e dell'affermazione di sé contro gli imperativi della ragione, era integro e ordinato in tutto il suo essere
- Il lavoro umano non era un peso ma una collaborazione con Dio a portare a perfezione la creazione visibile

1.4.8 Tutte le creature lodano e benedicono il Signore

Benedite, opere tutte del Signore, il Signore...
Benedite, angeli del Signore, il Signore...
Benedite, cieli, il Signore...
Benedite, acque tutte... il Signore ...
Benedite, sole e luna, il Signore ...
Benedite, piogge e rugiada, il Signore ...
Benedite, venti tutti, il Signore ...
Benedite, fuoco e calore, il Signore

Cantico dei tre giovani (*Dn* 3, 7ss)

Laudato sie, mi' Signore, cum tucte le tue creature, spetialmente messor lo frate sole, lo qual è iorno, et allumini noi per lui [...] Laudato si', mi' Signore, per sora luna e le stelle, in celu l'ài formate clarite et pretiose et belle. Laudato si', mi' Signore, per frate vento et per aere et nubilo et sereno et onne tempo, per lo quale a le tue creature dài sustentamento. Laudato si', mi' Signore, per sor'aqua, la quale è multo utile et humile et pretiosa et casta. Laudato si', mi' Signore, per frate focu, per lo quale ennallumini la nocte, et ello è bello et iocundo et robustoso et forte. Laudato si', mi' Signore, per sora nostra matre terra, la quale ne sustenta et governa, et produce diversi fructi con coloriti flori et herba [...] Laudate et benedicete mi' Signore' et ringratiate et serviateli cum grande humilitate»

San Francesco d'Assisi, *Cantico delle creature*

1.4.9 Argomenti connessi

a) La tentazione e il peccato
b) La cacciata dal giardino dell'Eden

---

53 Cfr. CCC 332.
54 Cfr. BASILIO di CESAREA, *Adversus Eunomium*, 3,1: PG 29, 656B.
55 CCC 374-378.
56 CCC 374.
57 CONCILIO DI TRENTO, Sessione V, *Decreto sul peccato originale*, DS 1511.

c) La promessa della redenzione e il piano di salvezza realizzato in Gesù Cristo
d) La Chiesa, sacramento di salvezza
e) Il «già e non ancora»
f)
- Rm 8,19-21: «*L'ardente aspettativa della creazione, infatti, è protesa verso la rivelazione dei figli di Dio. La creazione infatti è stata sottoposta alla caducità - non per sua volontà, ma per volontà di colui che l'ha sottoposta - nella speranza che anche la stessa creazione sarà liberata dalla schiavitù della corruzione per entrare nella libertà della gloria dei figli di Dio*».
- Ap 21,1-3: «*E vidi un cielo nuovo e una terra nuova: il cielo e la terra di prima infatti erano scomparsi e il mare non c'era più. E vidi anche la città santa, la Gerusalemme nuova, scendere dal cielo, da Dio, pronta come una sposa adorna per il suo sposo. Udii allora una voce potente, che veniva dal trono e diceva: «Ecco la tenda di Dio con gli uomini! Egli abiterà con loro ed essi saranno suoi popoli ed egli sarà il Dio con loro, il loro Dio*».

1.4.10 Ultime annotazioni

Il giardino in Eden

Gn 2,8: Eden = "delizia"
- La Chiesa, quale popolo di Dio, è prefigurata dall'Eden
- In Eden Dio piantò un giardino
- Come in Eden c'è un giardino così nella Chiesa c'è l'Eucaristia
- L'antico e il nuovo albero = l'albero della vita e la croce sul Calvario
- L'antico e il nuovo frutto = il frutto dell'albero della vita è Cristo che pende dalla croce
- Quel frutto antico diede la morte, Cristo, dalla croce, dà la vita a coloro che credono in lui

Protologia ed Escatologia

Genesi - Il paradiso terreste e la speranza cristiana
Apocalisse - Cristo ci rapirà e ci porterà con lui

Lo Spirito Santo: presenza viva nella storia dell'uomo

Gn 1,1: Lo Spirito, nella prima pagina della Bibbia: «*E lo spirito di Dio aleggiava sulle acque*».

Ap 22,17.20: Lo Spirito, nell'ultima pagina della Bibbia: «*Lo Spirito e la sposa dicono: «Vieni!». E chi ascolta, ripeta: «Vieni!». Chi ha sete, venga; chi vuole, prenda gratuitamente l'acqua della vita. Colui che attesta queste cose dice: «Sì, vengo presto!». Amen. Vieni, Signore Gesù*».

CAPITOLO SECONDO

L'INCARNAZIONE DEL FIGLIO DI DIO

(CCC 456-511.525)

Credo in un solo Signore, Gesù Cristo,
unigenito Figlio di Dio,
nato dal Padre prima di tutti i secoli:
Dio da Dio, Luce da Luce, Dio vero da Dio vero,
generato, non creato, della stessa sostanza del Padre;
per mezzo di lui tutte le cose sono state create.
Per noi uomini e per la nostra salvezza
discese dal cielo,
e per opera dello Spirito Santo
si è incarnato
nel seno della Vergine Maria
e si è fatto uomo.

Prologo del Vangelo secondo Giovanni *Gv 1,1.14*		
Ἐν ἀρχῇ ἦν ὁ λόγος, καὶ ὁ λόγος ἦν πρὸς τὸν θεόν, καὶ θεὸς ἦν ὁ λόγος.	In principio erat Verbum, et Verbum erat apud Deum, et Deus erat Verbum	In principo era il Verbo, e il Verbo era presso Dio e il Verbo era Dio
Καὶ ὁ λόγος σὰρξ ἐγένετο καὶ ἐσκήνωσεν ἐν ἡμῖν, καὶ ἐθεασάμεθα τὴν δόξαν αὐτοῦ, δόξαν ὡς μονογενοῦς παρὰ πατρός, πλήρης χάριτος καὶ ἀληθείας·	Et Verbum caro factum est et habitavit in nobis; et vidimus gloriam eius, gloriam quasi Unigeniti a Patre, plenum gratiae et veritatis	E il Verbo si fece carne e venne ad abitare in mezzo a noi; e noi abbiamo contemplato la sua gloria, gloria come del Figlio unigenito che viene dal Padre, pieno di grazia e di verità.

2.1. Perché il Figlio si è fatto carne

Alla domanda perché «*il Verbo si fece carne*» si possono dare diverse ragioni. Tra le possibili, eccone alcune.

Per salvarci riconciliandoci con Dio

«[È Dio] *che ha amato noi e ha mandato il suo Figlio come vittima di espiazione per i nostri peccati»*[58]. *«E noi stessi abbiamo veduto e attestiamo che il Padre ha mandato il suo Figlio come salvatore del mondo»*[59]. *« Egli si manifestò per togliere i peccati e che in lui non vi è peccato»*[60]. Scrive san Gregorio Nisseno:

> «La nostra anima, malata, richiedeva d'essere guarita; decaduta, d'essere risollevata; morta, di essere resuscitata. Avevamo perduto il possesso del bene; era necessario che ci fosse restituito. Immersi nelle tenebre, occorreva che ci fosse portata la luce; perduti, attendevamo un salvatore; prigionieri, un soccorritore; schiavi, un liberatore. Tutte queste ragioni erano prive d'importanza? Non erano tali da commuovere Dio sì da farlo discendere fino alla nostra natura umana per visitarla, poiché l'umanità si trovava in una condizione tanto miserabile ed infelice?»[61].

Perché noi così conoscessimo l'amore di Dio

«In questo si è manifestato l'amore di Dio in noi: Dio ha mandato nel mondo il suo Figlio unigenito, perché noi avessimo la vita per mezzo di lui»[62]. *«Dio infatti ha tanto amato il mondo da dare il Figlio unigenito, perché chiunque crede in lui non vada perduto, ma abbia la vita eterna»*[63].

Per essere nostro modello di santità

«Prendete il mio giogo sopra di voi e imparate da me, che sono mite e umile di cuore, e troverete ristoro per la vostra vita».[64]. *«Io sono la via, la verità e la vita. Nessuno viene al Padre se non per mezzo di me»*[65]. *«Questi è il Figlio mio, l'amato: ascoltatelo!»*[66]. *«Questo è il mio comandamento: che vi amiate gli uni gli altri come io ho amato voi»*[67]. *«Tu amerai il Signore, tuo Dio, con tutto il cuore, con tutta l'anima e con tutte le forze»*[68].

Perché diventassimo partecipi della natura divina

Infatti, questo è il motivo per cui il Verbo si è fatto uomo, e il Figlio di Dio, Figlio dell'uomo: «perché l'uomo, entrando in comunione con il Verbo e ricevendo così la filiazione divina, diventasse figlio di Dio»[69]. «Infatti il Figlio di Dio si è fatto uomo per farci Dio»[70]. «L'unigenito Figlio di Dio, volendo che noi fossimo partecipi della sua divinità, assunse la nostra natura, affinché, fatto uomo, facesse gli uomini dei»[71].

2.2 L'Incarnazione

Ci chiediamo che cosa significa la parola «Incarnazione»?

La Chiesa chiama «Incarnazione» il fatto che il Figlio di Dio abbia assunto una natura umana per realizzare in essa la nostra salvezza».

---

[58] *1 Gv 4,10.*
[59] *1 Gv 4,14.*
[60] *1 Gv 3,5.*
[61] GREGORIO DI NISSA, *Oratio catechetica*, 15: PG 45, 48B.
[62] *1 Gv 4,9.*
[63] *Gv 3,16.*
[64] *Mt 11,29.*
[65] *Gv 14,6.*
[66] *Mc 9,7.*
[67] *Gv 15,12.*
[68] *Dt 6,5.*
[69] IRENEO DI LIONE, *Adversus haereses*, 3, 19, 1.
[70] ATANASIO DI ALESSANDRIA, *De Incarnatione*, 54, 3: PG 25, 192B.
[71] TOMMASO D'AQUINO, *Opusculum 57 in festo Corporis Christi*, 1.

Così proclama il Vangelo: «*In principio era il Verbo, e il Verbo era presso di Dio e il Verbo era Dio* [...] *E il Verbo si fece carne*»[72].

Così si esprime San Paolo: «*Quando venne la pienezza del tempo, Dio mandò il suo Figlio, nato da donna, nato sotto la legge, per riscattare quelli che erano sotto la Legge, perché ricevessimo l'adozione a figli*»[73].

La Chiesa canta il Mistero dell'Incarnazione in un inno riportato da San Paolo: «*Abbiate in voi gli stessi sentimenti di Cristo Gesù: egli, pur essendo nella condizione di Dio, non ritenne un privilegio l'essere come Dio, ma svuotò se stesso assumendo una condizione di servo, diventando simile agli uomini. Dall'aspetto riconosciuto come uomo, umiliò se stesso facendosi obbediente fino alla morte e a una morte di croce*»[74]. Dello stesso Mistero parla la lettera agli Ebrei: «*Per questo, entrando nel mondo, Cristo dice*: «*Tu non hai voluto né sacrificio né offerta, un corpo invece mi hai preparato. Non hai gradito né olocausti né sacrifici per il peccato. Allora ho detto:* «*Ecco, io vengo - poiché di me sta scritto nel rotolo del libro - per fare, o Dio, la tua volontà*»[75].

La fede nella reale Incarnazione del Figlio di Dio è il segno distintivo della fede cristiana: «*In questo potete riconoscere lo Spirito di Dio: ogni spirito che riconosce Gesù Cristo venuto nella carne, è da Dio*»[76].

Credere nell'Incarnazione del Verbo è la gioiosa convinzione della Chiesa fin dal suo inizio, allorché canta «il grande Mistero della pietà»: «*Egli* [il Figlio] *fu manifestato in carne umana*»[77].

2.3 Vero Dio e vero uomo

L'evento unico e del tutto singolare dell'Incarnazione del Figlio di Dio non significa che Gesù Cristo sia in parte Dio e in parte uomo, né che sia il risultato di una confusa mescolanza di divino e di umano. Egli si è fatto veramente uomo, rimanendo veramente Dio. Gesù Cristo è vero Dio e vero uomo[78].

La seconda Persona della Santissima Trinità, cioè il Figlio, ha assunto la natura umana senza cessare d'essere Dio. In Gesù Cristo vi sono due nature, una divina, l'altra umana, unite senza confusione, senza mutamento, senza divisione, senza separazione in un'unica e sola Persona, quella del Figlio. Il Verbo, unendo a se stesso ipostaticamente una carne animata da un'anima razionale, si fece uomo[79].

L'umanità di Cristo non ha alcun altro soggetto che la Persona divina del Figlio di Dio che l'ha assunta e fatta sua al momento del concepimento[80].

La Chiesa confessa che Gesù è inscindibilmente vero Dio e vero uomo. Egli è veramente Figlio di Dio che si è fatto uomo, nostro fratello, senza con ciò cessare d'essere Dio, nostro Signore: *Id quod fuit remansit et quod non fuit assumpsit* - Rimase quel che era e quel che non era assunse[81].

Così proclama e canta la Liturgia Bizantina:

> «O Figlio Unigenito e Verbo di Dio, tu, che sei immortale, per la nostra salvezza ti sei degnato d'incarnarti nel seno della santa Madre di Dio e sempre Vergine Maria; tu che senza mutamento sei diventato nomo e sei stato crocifisso, o Cristo Dio, tu, che con la tua morte hai sconfitto la morte, tu che sei Uno della santa Trinità, glorificato con il Padre e lo Spirito Santo, salvaci!»[82].

---

[72] *Gv 1, 1.14.*

[73] *Gal 4,4-5.*

[74] *Fil 2,5-8.*

[75] *Eb 10*,5-7.

[76] *1 Gv 4,2.*

[77] *1 Tm 3,16.*

[78] CCC 464.

[79] CONCILIO DI EFESO, DS 250.

[80] CCC 466.

[81] LITURGIA DELLE ORE, I, *Ufficio delle Letture di Natale*; cfr. LEONE MAGNO, *Sermones*, 21, 2-3.

[82] LITURGIA BIZANTINA, Tropario «*O Monoghenis*».

Ci chiediamo: come il Figlio di Dio è uomo? Gesù Cristo ha assunto la natura umana senza per questo annientarla[83].

La Chiesa di Cristo confessa la piena realtà dell'anima umana, con le sue operazioni di intelligenza e di volontà e il corpo umano[84]. La natura umana di Cristo appartiene alla Persona divina del Figlio di Dio che l'ha assunta. Tutto ciò che egli è e ciò che egli fa, seconda la natura umana, deriva da «Uno della Trinità». il Figlio di Dio, quindi, comunica alla sua umanità il suo modo personale d'esistere nella Trinità. Pertanto, nella sua anima come nel suo corpo, Cristo esprime umanamente i comportamenti divini della Trinità[85]:

> «Il Figlio di Dio [...] ha lavorato con mani d'uomo, ha pensato con mente d'uomo, ha agito con volontà d'uomo, ha amato con cuore d'uomo. Nascendo da Maria Vergine, egli si è fatto veramente uno di noi, in tutto simile a noi fuorché nel peccato»[86].

L'anima e la conoscenza umana di Cristo

Il Figlio di Dio, mediante la sua incarnazione, ha assunto, insieme al corpo umano, anche un'anima razionale umana[87].

L'anima umana che il Figlio di Dio ha assunto è dotata di una vera conoscenza umana. Tale conoscenza, propria di ogni uomo, non poteva essere illimitata ma era esercitata nelle condizioni storiche della sua esistenza nello spazio e nel tempo[88].

Il Figlio di Dio, facendosi uomo, ha potuto voler «crescere in sapienza, età e grazia» e anche doversi informare intorno a ciò che nella condizione umana non si può comprendere che attraverso l'esperienza. Questo era del tutto consono alla realtà del suo volontario umiliarsi nella «condizione di servo»[89]. Al tempo stesso, però, la conoscenza veramente umana del Figlio di Dio esprimeva la vita divina della sua Persona[90]:

La natura umana del Figlio di Dio, non da sé ma per la sua unione con il Verbo; conosceva e manifestava nella Persona tutto ciò che conviene a Dio[91].

Il Figlio di Dio fatto uomo ha del Padre suo una conoscenza intima e immediata[92].

Il Figlio di Dio anche nella sua conoscenza umana mostrava la penetrazione divina che egli aveva dei pensieri segreti del cuore degli uomini[93].

La conoscenza umana di Cristo, per la sua unione alla Sapienza del Verbo incarnato, fruiva in pienezza della scienza dei disegni eterni che Egli era venuto a rivelare. Ciò che in questo caso dice di ignorare, dichiara altro di non avere la missione di rivelarlo[94]: «*Quanto però a quel giorno o a quell'ora, nessuno lo sa, né gli angeli nel cielo né il Figlio, eccetto il Padre*»[95]. «*Quelli dunque che erano con lui* [gli apostoli] *gli domandavano: «Signore, è questo il tempo nel quale ricostituirai il regno per Israele?». Ma egli rispose: «Non spetta a voi conoscere tempi o momenti che il Padre ha riservato al suo potere*»[96].

---

83 Cfr. CCC 470.
84 *Idem.*
85 *Idem*; cfr. 14, 9-10.
86 CONCILIO ECUMENICO VATICANO II, GS, 22.
87 Cfr. CCC 471.
88 Cfr. CCC 472.
89 Cfr. CCC 472; *Lc 2,52*; *Fil 2,7.*
90 CCC 473; cfr. GREGORIO MAGNO, *Sicut acqua.* Lettera al patriarca Eulogio d'Alessandria: DS 475.
91 MASSIMO IL CONFESSORE, *Quaestiones et dubia*, 66: PG 990, 840A.
92 Cfr. CCC 473; cfr. *Mc 14,36*; *Mt 11,27*; *Gv 1,18*; *8,35.*
93 CCC 473.
94 CCC 474.
95 *Mc 13,32.*
96 *At 1,6-7.*

La volontà umana di Cristo

In conformità alla sua perenne fede la Chiesa nel sesto Concilio Ecumenico[97] ha dichiarato che Cristo [essendo vero Dio e vero uomo] ha due volontà e due operazioni naturali, divine e umane, non opposte, ma cooperanti in modo che il Verbo fatto carne ha umanamente voluto, in obbedienza al Padre, tutto ciò che ha divinamente deciso con il Padre e con lo Spirito Santo per la nostra salvezza[98].

La volontà umana di Cristo «segue, senza opposizione o riluttanza, o meglio, è sottoposta alla sua volontà divina e onnipotente»[99]: *«Il mio cibo è fare la volontà di colui che mi ha mandato e compiere la sua opera»*[100]; *«Per questo, entrando nel mondo, Cristo dice: Tu non hai voluto né sacrificio né offerta, un corpo invece mi hai preparato. Non hai gradito né olocausti né sacrifici per il peccato. Allora ho detto: «Ecco, io vengo - poiché di me sta scritto nel rotolo del libro - per fare, o Dio, la tua volontà»*[101].

Il vero Corpo di Cristo

Il Figlio di Dio si è fatto carne assumendo una vera umanità. Per questo il suo corpo era delimitato[102].

Proprio per questo l'aspetto umano del Figlio di Dio fatto uomo può essere «rappresentato». Nel settimo Concilio Ecumenico la Chiesa ha riconosciuto legittimo che il corpo di Cristo venga raffigurato mediante «venerande e sante immagini»[103].

Al tempo stesso la Chiesa ha sempre riconosciuto che nel Corpo di Gesù il «Verbo invisibile apparve visibilmente nella nostra carne». In realtà, le caratteristiche individuali del Corpo di Cristo esprimono la Persona divina del Figlio di Dio. Questi ha fatto a tal punto suoi i lineamenti del suo Corpo umano che, dipinti in una santa immagine, possono essere venerati, perché il credente che venera «l'immagine, venera la realtà di chi in essa è riprodotto»[104].

---

97 CONCILIO DI COSTANTINOPOLI III (681).
98 CCC 475; cfr. CONCILIO DI COSTANTINOPOLI III (681): DS 556-559.
99 *Idem.*
100 Gv *4,34.*
101 *Eb 10,5-7*; *Sal 40,7-9.*
102 Cfr. CONCILIO LATERANENSE (649): DS 504.
103 CONCILIO DI NICEA II (787): DS 600-603.
104 CCC 477.

SCHEMA ESPLICATIVO

QUESTA È LA NOSTRA FEDE
QUESTA È LA FEDE DELLA CHIESA CATTOLICA

LA SANTISSIMA TRINITÀ
UN SOLO DIO
IN TRE PERSONE UGUALI E DISTINTE

PADRE | FIGLIO | SPIRITO SANTO

è
uguale al Padre nella divinità,
è
ὁμοούσιον τῷ Πατρί
cioè della stessa sostanza del Padre

↓

è disceso dal Cielo

(kenosì)
(abbassamento)
(spogliazione)

↓

si è incarnato
GESÙ CRISTO
(nato da donna – Gal 4, 4)

Una sola Persona
(il Verbo)
(il Figlio)

U N I O N E   I P O S T A T I C A

natura umana	natura divina
Vero UOMO	Vero DIO
è consustanziale agli uomini nell'umanità	è consustanziale al Padre nella divinità
possiede:	possiede:
corpo umano anima razionale umana intelligenza umana conoscenza umana volontà umana	tutta la divinità tutta la gloria divina sapienza divina conoscenza divina volontà divina

2.4 Eresie cristologiche

La Chiesa nel corso dei primi secoli ha dovuto difendere e chiarire la verità di fede riguardante l'unione ipostatica nell'unica persona del Figlio della natura umana e della natura divina contro eresie che la falsificavano.

Tali eresie negavano o, talvolta, sminuivano ora la natura umana di Cristo, ora la sua natura divina, ora le intendevano unite in una sorta di confusa mescolanza di divino e umano, ora, invece, le negavano entrambe.

Presentiamo, di seguito, in maniera schematica, alcune tra le più importanti eresie in ambito cristologico e riportiamo, accanto ad esse, i pronunciamenti ufficiali della Chiesa:

ERESIE CRISTOLOGICHE	**LA CHIESA DICHIARA LA SUA FEDE**

ADOZIONISMO O MONARCHIANISMO

Teodoto di Bisanzio - II sec.,
Paolo di Samosata - III sec.,

<u>Eresia</u>

- Cristo è figlio adottivo di Dio, in seguito al battesimo e alla resurrezione è stato divinizzato, "adottato" senza diventare completamente Dio.
- Gli Adozionisti sono anche chiamati Monarchiani in quanto Dio mantiene la sua regalità su Cristo.

- La Chiesa, nel III sec., riunita in un Concilio ad Antiochia afferma, contro Paolo di Samosata, che Gesù Cristo è Figlio di Dio per natura e non per adozione.

MODALISMO

Noeto di Smirne - II sec.

<u>Eresia</u>

- Gesù è un modo con il quale è Padre si è fatto vedere

DOCETISMO

Saturnino, Cerdo, Basilide, Valentino, Mardone.

<u>Eresia</u>

- Il nome di questa dottrina deriva dal verbo greco *dokéin*, che significa apparire. Essa si riferisce alla convinzione che l'umanità di Cristo, la sua sofferenza e la sua morte fossero apparenti e non reali.

- Da questa considerazione deriva che Cristo non poteva avere un corpo umano reale, ma soltanto un corpo etereo (o apparente), e quindi non sarebbe potuto nascere da Maria, né morire, e neppure risuscitare.
- Di conseguenza, secondo tale eresia, nell'Eucaristia non vi potrebbe essere il Corpo di Cristo; tutto ciò che riguarda la natura umana di Gesù si risolverebbe allora in una pura illusione dei sensi.

ARIANESIMO

Ario - III sec. (presbitero in Alessandria d'Egitto)

Eresia

- Il Figlio di Dio viene dal nulla ed è di un'altra sostanza o di un'altra essenza rispetto al Padre.

- Il primo Concilio di Nicea condanna Ario e nel suo credo professa che il Figlio di Dio è « generato, non creato, della stessa sostanza [*ομοοὺσιος*] del Padre. Così si esprime il Concilio di Nicea:

  *Crediamo in un solo Dio Padre onnipotente, creatore di tutte le cose visibili e invisibili. E in un solo Signore Gesù Cristo, il Figlio di Dio, generato unigenito dal Padre, cioè dalla sostanza del Padre, Dio da Dio, luce da luce, Dio vero da Dio vero, generato, non creato, consustanziale [*ομοοὺσιος *= omoousios] al Padre, per mezzo del quale sono state create tutte le cose in cielo e in terra.*

ORIGENISMO

(II sec.)

Eresia

- Essa afferma che il Figlio è di natura divina. Non Dio però. Solo il Padre è Dio. Egli è un dio secondario, emanato dal Padre. Questo Figlio, dio dal Padre, si è fatto uomo.

APOLLINARISMO

Apollinare di Laodicea - IV sec. (vescovo)

Eresia

- Apollinare sosteneva che il Figlio di Dio ha assunto una natura umana ma priva della sua anima razionale, così che il Cristo risultava composto dal Logos divino e da un corpo umano. In quanto Verbo incarnato il Cristo si servirebbe dell'umanità, ridotta al solo corpo, come di uno strumento inerte e costituirebbe così un unico principio di volere e di azione.

- In questa visione il corpo di Cristo non sarebbe un vero corpo umano ma solo un involucro passivo contenente il Verbo di Dio. Affermando ciò, Apollinare ha pregiudicato l'integrità della natura umana di Cristo, privandola della piena libertà umana e vanificando completamente l'opera redentrice di Cristo, poiché, come affermò papa Damaso nel 375 d.C.:

  «se è stato assunto l'uomo imperfetto, il dono di Dio è imperfetto, la nostra salvezza è imperfetta, perché l'uomo non è stato assunto non è stato completamente salvato»;

  come pure affermò Gregorio Nazianzeno:

  «Ciò che non è stato assunto non è stato sanato; ciò che è stato unito a Dio sarà salvato».

- La dottrina di Apollinare fu condannata nel I Concilio di Costantinopoli del 381 d.C. e successivamente nel Sinodo di Roma del 382 d.C., i quali riaffermarono che se Cristo non fosse stato un vero uomo, con un corpo e un'anima razionale, non avrebbe redento l'uomo in corpo e anima.

NESTORIANESIMO

Nestorio - V sec. (vescovo di Costantinopoli)

Eresia

- Cristo è formato da due nature (divina e umana) perfettamente distinte e da due persone congiunte l'una con l'altra tramite un'unione puramente morale.

- In contrapposizione a tale eresia San Cirillo di Alessandria e il terzo Concilio Ecumenico riunito a Efeso nel 431 hanno confessato che

  «il Verbo, unendo a se stesso

- Per questi motivi, afferma Nestorio, la Madonna può essere chiamata soltanto "madre di Cristo" e non "madre di Dio".
- Non è possibile che il Verbo divino possa essersi effettivamente incarnato e possa essere morto sulla croce.

ipostaticamente una carne animata da un'anima razionale, si fece uomo».

- La Chiesa afferma che l'umanità di Cristo non ha altro soggetto che la Persona divina del Figlio di Dio, che l'ha assunta e fatta sua al momento del concepimento.

- Per questo motivo il Concilio di Efeso ha proclamato che Maria in tutta la verità è divenuta Madre di Dio per il concepimento umano del Figlio di Dio nel suo seno. Così afferma il Concilio:

«Maria è Madre di Dio [*Θεοτοκος* - Theotokos] non certo perché la natura del Verbo o la sua divinità avesse avuto origine dalla santa Vergine, ma, poiché nacque da lei il santo corpo dotato di anima razionale a cui il Verbo è unito sostanzialmente, si dice che il Verbo è nato secondo la carne».

MONOFISISMO

Eutiche - *V sec.* (vescovo di Costantinopoli)

<u>Eresia</u>

- Eutiche affermava che Gesù possedeva una sola natura (*mónos* + *phisis*) "ibrida", frutto dell'assorbimento in quella divina, di quella umana.

- Il quarto Concilio Ecumenico, a Calcedonia, nel 451, ha così confessato:

«il Signore nostro Gesù Cristo è perfetto nella divinità, e il medesimo è perfetto nell'umanità, veramente Dio e veramente uomo, il medesimo è costituito da anima razionale e corpo, consunstanziale al Padre secondo la divinità, e il medesimo consunstanziale a noi secondo l'umanità, "in tutto simile a noi all'infuori del peccato".

MONOTELISMO (O MONOTELETISMO)

Severo d'Antiochia - V sec.;
Sergio - VII sec. (patriarca di Costantinopoli)

Eresia

- Questa eresia affermava l'esistenza in Gesù di una sola volontà (*mónos + thélein*): la volontà umana, fisica, di Gesù sarebbe stata determinata nel suo agire terreno dalla volontà divina.

Il II e il III Concilio di Costantinopoli (680-681) affermarono l'esistenza in Cristo di due distinte volontà, ciascuna secondo la sua diversa natura, ma sempre concordi, perché trovano la loro unità nella persona di Gesù Cristo. Così viene dichiarato:
«[la volontà umana] segue, senza opposizione o riluttanza, o meglio,è sottoposta alla sua volontà divina e onnipotente».

2.5 Elementi conclusivi

Ed ecco alcuni elementi conclusivi.

Il mistero del Verbo incarnato svela il mistero dell'uomo

L'Incarnazione del Figlio di Dio illumina il mistero dell'uomo. In lui l'esistenza dell'uomo trova il suo pieno e profondo significato. Così si esprime il Concilio Vaticano II, nella Costituzione *Gaudium et spes*:

> «Solamente nel mistero del Verbo incarnato trova vera luce il mistero dell'uomo. Adamo, infatti, il primo uomo, era figura di quello futuro e cioè di Cristo Signore. Cristo, che è il nuovo Adamo, proprio rivelando il mistero del Padre e del suo amore svela anche pienamente l'uomo all'uomo e gli fa nota la sua altissima vocazione. Nessuna meraviglia, quindi, che tutte le verità su esposte trovino in lui la loro sorgente e tocchino il loro vertice. Egli è "l'immagine dell'invisibile Dio" *(Col* 1, 15). Egli è l'uomo perfetto, che ha restituito ai figli d'Adamo la somiglianza con Dio, resa deforme già subito agli inizi a causa del peccato. Poiché in lui la natura umana è stata assunta, senza per questo venire annientata, per ciò stesso essa è stata anche in noi innalzata a una dignità sublime. Con l'incarnazione il Figlio di Dio si è unito in certo modo a ogni uomo. Ha lavorato con mani d'uomo, ha pensato con mente d'uomo, ha agito con volontà d'uomo, ha amato con cuore d'uomo. Nascendo da Maria vergine, egli si è fatto veramente uno di noi, in tutto simile a noi fuorché nel peccato»[105].

Rilevanza soteriologica di una esatta cristologia

La riflessione teologica circa gli aspetti dottrinali sulle due nature (umana e divina) di Cristo mette in luce la rilevanza che tale questione ha relativamente all'aspetto salvifico del mistero di redenzione: se Cristo non fosse stato vero Dio e vero uomo non avrebbe potuto, con il suo sacrificio, salvarci: «Ciò che non è stato assunto non è stato sanato; ciò che è stato unito a Dio sarà salvato»[106].

---

[105] CONCILIO ECUMENICO VATICANO II, GS, 22.
[106] GREGORIO NAZIANZENO.

Il Figlio di Dio si è fatto uomo per farsi... pane

Il Figlio di Dio ha voluto assumere la nostra natura umana perché, per Lui, con Lui e in Lui, si potesse realizzare il mistero della nostra salvezza.
Egli, sul legno della croce, ha dato se stesso per noi perché la nostra umanità fosse redenta dal suo sangue prezioso. Egli stesso diventa rendimento di grazie [eucaristia] al Padre affinché noi, partecipando al suo sacrificio, potessimo ritornare in comunione con Dio e diventare, in lui, offerta gradita al Padre nello Spirito Santo.

Ciò si realizza mirabilmente nel mistero eucaristico. Così si esprime, infatti, la Costituzione conciliare *Sacrosanctum Concilium:*

«Il nostro Salvatore nell'ultima Cena, la notte in cui fu tradito, istituì il Sacrificio eucaristico del suo Corpo e del suo Sangue, onde perpetuare nei secoli, fino al suo ritorno, il Sacrificio della Croce, e per affidare così alla sua diletta Sposa, la Chiesa, il memoriale della sua Morte e della sua Risurrezione: sacramento di pietà, segno di unità, vincolo di carità, convito pasquale, nel quale si riceve Cristo, l'anima viene ricolmata di grazia e ci è dato il pegno della gloria futura»[107].

Il Verbo fatto uomo è l'unico mediatore tra Dio e gli uomini

Gesù Cristo è vero Dio e vero uomo, nella sua unità della sua Persona divina; per questo motivo è unico Mediatore tra Dio e gli uomini.

L'incarnazione di Cristo è la più grande opera dello Spirito

Nel Simbolo della fede noi confessiamo che il Figlio, consustanziale al Padre, si è fatto uomo per opera dello Spirito Santo. Così si esprime a riguardo san Giovanni Paolo II nella sua enciclica *Dominum et vivificantem*:

«La concezione e la nascita di Gesù Cristo sono la più grande opera compiuta dalla Spirito Santo nella storia della creazione e della salvezza: la suprema grazia, "la grazia dell'unione", fonte di ogni altra grazia, come spiega san Tommaso [...] Alla "pienezza del tempo" corrisponde, infatti, una particolare pienezza della autocomunicazione di Dio uno e trino nello Spirito Santo. "Per opera dello Spirito Santo" si compie il mistero dell'unione ipostatica", cioè dell'unione della natura divina e della natura umana, della divinità e dell'umanità nell'unica Persona del Verbo-Figlio»[108].

La fedeltà all'infallibile Magistero della Chiesa evita di cadere nell'eresia

Le eresie, quelle di ieri come quelle di oggi, sono frutto di un mancato ascolto degli insegnamenti del Magistero della Chiesa. Esse talvolta celano un atteggiamento di superficialità e noncuranza, se non addirittura di ignoranza e presunzione, circa le luminose verità della dottrina cattolica. Nello scorrere della storia le eresie sono sempre state causa di profonde sofferenze nel popolo di Dio e hanno provocato dolorose ferite all'unità dei cristiani. Per questo motivo la santa madre Chiesa Cattolica non cessa mai di richiamare i suoi figli alla fedeltà, all'autentico messaggio del Vangelo da essa annunciato ininterrottamente e immutabilmente nei secoli.

Così, a riguardo, si esprime il Concilio Vaticano II:

«Questo Sacrosanto Sinodo, sull'esempio del Concilio Vaticano I, insegna e dichiara che Gesù Cristo, Pastore eterno, ha edificato la santa Chiesa e ha mandato gli Apostoli come Egli stesso era stato mandato dal Padre, e volle che i loro successori, cioè i Vescovi, fossero nella sua Chiesa pastori fino

107 CONCILIO ECUMENICO VATICANO II, SC, 47.

108 GIOVANNI PAOLO II, *Dominum et vivificatem*. Lettera enciclica sullo Spirito Santo nella vita della Chiesa e del mondo, 18.05.1986, 50.

alla fine dei secoli. Affinché poi lo stesso Episcopato fosse uno e indiviso, prepose agli altri Apostoli il beato Pietro e in lui stabilì il principio e il fondamento perpetuò e visibile dell'unità della fede e della comunione. Questa dottrina della istituzione, della perpetuità, del valore e della natura del sacro Primato del Romano Pontefice e del suo infallibile Magistero, il Santo Concilio la propone di nuovo a tutti i fedeli perché sia fermamente creduta, e proseguendo nello stesso disegno, ha stabilito di professare e dichiarare pubblicamente la dottrina sui Vescovi, successori degli Apostoli, i quali col successore di Pietro, Vicario di Cristo e capo visibile di tutta la Chiesa, reggono la casa del Dio vivente»[109].

I Padri riuniti nel Concilio di Calcedonia, nel 451, hanno espresso in modo chiaro e, al contempo, mirabile la questione circa l'unione ipostatica nella Persona di Cristo delle sue due nature, divina e umana. Ecco il testo conciliare:

«Seguendo i santi Padri, a confessare un unico e medesimo Figlio, il Signore nostro Gesù Cristo, concordi tutti noi insegniamo. Il medesimo è perfetto nella divinità, e il medesimo è perfetto nell'umanità, veramente Dio e veramente uomo, il medesimo è costituito da anima razionale e corpo, consustanziale al Padre secondo la divinità, e il medesimo consustanziale a noi secondo l'umanità, "in tutto simile a noi all'infuori del peccato", prima dei tempi, invero, generato dal Padre secondo la divinità, negli ultimi giorni poi, il medesimo per noi e per la nostra salvezza è nato da Maria Vergine, la genitrice di Dio, secondo umanità, unico e medesimo Cristo, Figlio, Signore, Unigenito, in due nature senza confusione, senza mutamento, senza divisione, senza separazione da riconoscersi; senza che in nessun modo la differenza delle nature sia stata annullata a motivo dell'unione, ma piuttosto rimane conservata la proprietà di entrambe le nature, che concorrono a formare un solo prosopon (persona) e una sola ipostasi, non ripartito o diviso in due prosopa, ma l'unico e medesimo Figlio unigenito, Dio, Logos, Signore Gesù Cristo, come sin dall'antichità i profeti annunciarono riguardo a Lui ed Egli stesso, Gesù Cristo, ci insegnò e il Simbolo dei Padri ci ha trasmesso».

A conclusione del nostro viaggio di riflessione circa il sublime mistero dell'incarnazione del Figlio di Dio, ci piace citare due passi della Sacra Scrittura che, in modo mirabile, proclamano il mistero di Cristo.

Il primo è la pericope evangelica dove si evidenzia sia l'umanità di Cristo (le mani, il costato, le ferite) sia la sua divinità. In essa l'apostolo *incredulo* fa una delle più belle professioni di fede che il *credente* abbia mai fatto. Così racconta il vangelo di Giovanni[110]:

«Tommaso, uno dei Dodici, chiamato Didimo, non era con loro quando venne Gesù. Gli dissero allora gli altri discepoli: «Abbiamo visto il Signore!». Ma egli disse loro: «Se non vedo nelle sue mani il segno dei chiodi e non metto il dito nel posto dei chiodi e non metto la mia mano nel suo costato, non crederò». Otto giorni dopo i discepoli erano di nuovo in casa e c'era con loro anche Tommaso. Venne Gesù, a porte chiuse, si fermò in mezzo a loro e disse: « Pace a voi! » Poi disse a Tommaso: «Metti qua il tuo dito e guarda le mie mani; stendi la tua mano e mettila nel mio costato; e non essere più incredulo ma credente!». E allora noi, a questo punto, facciamo nostre le parole dell'apostolo Tommaso e, inginocchiandoci, insieme, a lui diciamo a Cristo: «*"Mio Signore e mio Dio!"*».

Il secondo è un testo dell'Apostolo delle genti:

«E Dio che disse: Rifulga la luce dalle tenebre, rifulse nei nostri cuori, per far risplendere la conoscenza della gloria divina che rifulge sul volto di Cristo»[111].

---

[109] CONCILIO ECUMENICO VATICANO II, LG, 18.
[110] *Gv 20,24-28.*
[111] *2 Cor 4,6.*

Concludiamo citando i versetti conclusivi del Prologo del Vangelo giovanneo[112]:

Prologo del Vangelo secondo Giovanni *Gv 1,18*		
θεὸν οὐδεὶς ἑώρακεν πώποτε· μονογενὴς θεὸς ὁ ὢν εἰς τὸν κόλπον τοῦ πατρὸς ἐκεῖνος ἐξηγήσατο.	Deum nemo vidit Unigenitus Filius qui est in sinu Patris Ipse narravit	Dio nessuno l'ha mai visto; proprio il Figlio Unigenito che è nel seno del Padre, Lui lo ha rivelato

112 *Gv 1,18.*

CAPITOLO TERZO

LA VITA DI GESÙ CRISTO FINO ALLA REDENZIONE

(CCC 512 - 570)

Ἐγώ εἰμι ἡ ὁδὸς καὶ ἡ ἀλήθεια καὶ ἡ ζωή

Ego sum via et veritas et vita

Io sono la via, la verità e la vita

(*Gv 14, 6*)

3.1 Il mistero della vita di Cristo

Il Simbolo della Fede, a proposito della vita di Cristo, non parla che dei misteri della Incarnazione e della Pasqua. Non dice nulla, in modo esplicito, della vita nascosta e della vita pubblica di Gesù. Tuttavia gli articoli della fede riguardanti l'incarnazione e la pasqua di Cristo illuminano tutta la vita terrena di Cristo[113].

Il termine «mistero» [dal greco *μυστήριον*] indica, generalmente, un qualcosa che è inconoscibile e che rimane tale. Biblicamente, invece, ha un senso diverso: esso indica una verità dapprima nascosta ed ora non solo rivelata ma anche partecipata.
È Cristo stesso il mistero che, nascosto nei secoli, si è rivelato a noi nella pienezza del tempo. Così, infatti, afferma San Paolo:

> «*Di questa* [la Chiesa] *io sono diventato servitore, secondo l'incarico che Dio mi ha dato per voi di annunciare nella sua totalità la parola di Dio, cioè, il mistero che è stato nascosto per tutti i secoli e per tutte le generazioni, ma che ora è stato manifestato ai suoi santi. Dio ha voluto far loro conoscere quale sia la ricchezza della gloria di questo mistero fra gli stranieri, cioè Cristo in voi, la speranza della gloria*[114].

Tutta la vita di Cristo è, quindi, un «mistero»: essa ci ha rivelato e partecipato l'eterno amore di Dio e la mirabile sua gloria: «*e noi abbiamo contemplato la sua gloria, gloria come del Figlio unigenito che viene dal Padre, pieno di grazia e di verità*»[115].

Il *Catechismo della Chiesa Cattolica*, presentando il Mistero di Cristo, procede secondo la seguente articolazione. Indica, dapprima, gli elementi comuni a tutti i misteri della vita di Cristo[116] (3.2.); presenta, successivamente, i principali misteri della vita nascosta[117] (3.3.) e pubblica[118] (3.4.) di Gesù. Seguiremo questo stesso ordine.

---

[113] CCC 512.
[114] *Col 1,25-27.*
[115] *Gv 1,14.*
[116] Cfr. CCC 514-521.
[117] Cfr. CCC 522-534.
[118] Cfr. CCC 535-560.

3.2 Elementi comuni a tutti i misteri della vita di Cristo

3.2.1 Tutta la vita di Cristo è *mistero*

L'intera vita di Cristo è «mistero» mediante il quale si è manifestato agli uomini l'amore di Dio.

Gli autori dei Vangeli non hanno inteso fornire una biografia della vita di Cristo. Essi intendono, anzitutto, comunicare la fede in Gesù Cristo. Tutto ciò che nei Vangeli è contenuto è stato scritto perché: *«crediate che Gesù è il Cristo, il Figlio di Dio, e perché, credendo, abbiate la vita nel suo nome»*[119]. Per tali motivi nei Vangeli canonici non compaiono molte cose che interessano la curiosità umana a riguardo di Gesù. Quasi niente vi si dice della sua vita a Nazaret e anche di una notevole parte della sua vita pubblica non si fa parola[120].

I Vangeli sono scritti da uomini che sono stati tra i primi a credere e che vogliono condividere con altri la loro fede. Avendo conosciuto, nella fede, chi è Gesù, hanno potuto scorgere e far scorgere in tutta la sua vita terrena le tracce del suo mistero. Dalle fasce della sua nascita, fino all'aceto della sua passione e al sudario della risurrezione. Tutto nella vita di Gesù è segno del suo mistero. Attraverso i suoi gesti, i suoi miracoli, le sue parole, è stato rivelato che *«in lui abita corporalmente tutta la pienezza della divinità»*[121].

In tal modo la sua umanità appare come «il sacramento», cioè il segno e lo strumento della sua divinità e della salvezza che Egli reca: ciò che era visibile nella sua vita terrena condusse al mistero invisibile della sua filiazione divina e della sua missione redentrice[122].

3.2.2 Tutta la vita di Cristo è mistero di *rivelazione*

Tutta la vita di Cristo è rivelazione del Padre. Le sue parole e le sue azioni, i suoi silenzi e le sue sofferenze, il suo modo di essere e di parlare manifestano il volto amorevole del Padre suo: «*Chi vede me, vede il Padre*»[123]. E il Padre, da parte sua: «*Questi, è il Figlio mio, l'eletto; ascoltatelo*»[124].

Poiché il nostro Signore si è fatto uomo per compiere la volontà del Padre[125], i più piccoli tratti dei suoi misteri ci manifestano l'amore di Dio per noi[126]: «*In questo si è manifestato l'amore di Dio in noi: Dio ha mandato nel mondo il suo Figlio unigenito, perché noi avessimo la vita per mezzo di lui*»[127].

3.2.3 Tutta la vita di Cristo è mistero di *redenzione*

La redenzione è frutto innanzitutto del sangue della croce,[128] ma questo mistero opera nell'intera vita di Cristo[129]. Già nella sua incarnazione, mediante la quale, facendosi povero, ci ha arricchiti con la sua povertà;[130] nella sua vita nascosta che, con la sua sottomissione,[131] ripara la

---

[119] *Gv 20,31.*
[120] Cfr. *Gv 20,30.*
[121] CCC 515; cfr. *Mc 1,1*; *Gv 21,24*; *Lc 2,7*; *Mt 27,48*; *Gv 20,7*; *Col 2,9.*
[122] CCC 515.
[123] *Gv 14,9.*
[124] *Lc 9,35.*
[125] Cfr. *Eb 10,5-7.*
[126] Cfr. *1 Gv 4,9.*
[127] *1 Gv 4,9.*
[128] Cfr. *Ef 1,7*; *Col 1,13-14*; *1 Pt 1,18-19.*
[129] CCC 517.
[130] Cfr. *2 Cor 8,9.*

nostra insubordinazione; nella sua parola che purifica i suoi ascoltatori;[132] nelle guarigioni e negli esorcismi che opera, mediante i quali «*ha preso le nostre infermità e si è addossato le nostre malattie*»[133]; ed, infine, nella sua risurrezione con la quale ci giustifica[134].

3.2.4 Tutta la vita di Cristo è mistero di *ricapitolazione*

Quanto Gesù ha fatto, detto e sofferto, aveva come scopo di ristabilire nella sua primitiva vocazione l'uomo decaduto[135]. Scrive sant'Ireneo di Lione:

> «Allorché si è incarnato e si è fatto uomo, ha ricapitolato in se stesso la lunga storia degli uomini e in breve ci ha procurato la salvezza, così che noi recuperassimo in Gesù Cristo ciò che avevamo perduto in Adamo, cioè d'essere ad immagine e somiglianza di Dio»[136].
>
> «Per questo appunto Cristo è passato attraverso tutte le età della vita, restituendo con ciò a tutti gli uomini la comunione con Dio»[137].

3.2.5 La nostra comunione ai misteri di Gesù

Dio Padre, creando l'uomo, lo ha chiamato a partecipare a tutta la ricchezza di Cristo. Tale ricchezza è destinata ad ogni uomo e costituisce il bene di ciascuno.[138] Cristo non ha vissuto la sua vita per sé, ma per noi[139], dalla sua incarnazione «per noi uomini e per la nostra salvezza»[140] fino alla sua morte «per i nostri peccati»[141] e alla sua risurrezione «per la nostra giustificazione»[142]. E anche adesso è nostro avvocato «presso il Padre»[143], «essendo sempre vivo per intercedere» a nostro favore[144]. Con tutto ciò che ha vissuto e sofferto per noi una volta per tutte, Egli resta sempre «al cospetto di Dio in nostro favore»[145].

3.2.6 Cristo in tutta la sua vita è per noi *modello*

Durante tutta la sua vita[146], Gesù si mostra come nostro modello[147]: è « l'uomo perfetto»[148]. Egli invita ciascuno di noi a seguirlo e a diventare suoi discepolo: con il suo abbassamento ci ha dato un esempio da imitare,[149] con la sua preghiera attira alla preghiera,[150] con la sua povertà chiama

---

131 Cfr. *Lc 2,51.*
132 Cfr. *Gv 15,3.*
133 *Mt 8,17*; cfr. *Is 53,4.*
134 Cfr. *Rm 4,25.*
135 CCC 518.
136 IRENEO DI LIONE, *Adversus haereses*, 3,18,1.
137 IDEM, *Adversus haereses*, 3,18,7; cfr. 2,22,4.
138 GIOVANNI PAOLO II, *Redemptor hominis*. Lettera enciclica all'inizio del suo ministero pontificale, 04.03.1979, 11.
139 CCC 519.
140 SIMBOLO NICENO-COSTANTINOPOLITANO: DS 150.
141 *1 Cor 15,3.*
142 *Rm 4,25.*
143 *1 Gv 2,1.*
144 *Eb 7,25.*
145 *Eb 9,24.*
146 CCC 520.
147 Cfr. *Rm 15,5*; *Fil 2,5.*
148 CONCILIO ECUMENICO VATICANO II, GS, 38.
149 Cfr. *Gv 13,15.*
150 Cfr. *Lc 11,1.*

ad accettare liberamente la spogliazione e le persecuzioni.[151]
Tutto ciò che Cristo ha vissuto, Egli fa sì che noi possiamo viverlo in Lui e che Egli lo viva in noi. «Con l'incarnazione il Figlio di Dio si è unito in certo modo a ogni uomo»[152].
Siamo chiamati a formare una cosa sola con Lui; Egli ci fa comunicare come membra del suo corpo a ciò che ha vissuto nella sua carne per noi e come nostro modello:[153]

> «Noi dobbiamo sviluppare continuamente in noi e, infine, completare gli stati e i misteri di Gesù. Dobbiamo poi pregarlo che li porti lui stesso a compimento in noi e in tutta la sua Chiesa. [...] Il Figlio di Dio desidera una certa partecipazione e come un'estensione e continuazione in noi e in tutta la sua Chiesa dei suoi misteri mediante le grazie che vuole comunicarci e gli effetti che intende operare in noi attraverso i suoi misteri. E con questo mezzo egli vuole completarli in noi»[154].

3.3. I misteri dell'infanzia e della vita nascosta di Gesù

3.3.1 Le preparazioni

Dio, nella sua sapienza e provvidenza, ha voluto preparare nel corso dei secoli la venuta del Suo Figlio: riti e sacrifici, figure e simboli della «prima Alleanza»[155] li fa convergere tutti verso Cristo: lo annunzia per bocca dei profeti che si succedono in Israele; risveglia inoltre nel cuore dei pagani l'oscura attesa di tale venuta[156].

San Giovarmi Battista[157] è l'immediato precursore del Signore,[158] mandato a preparargli la via[159], «Profeta dell'Altissimo»[160], di tutti i profeti è il più grande[161] e l'ultimo[162]; egli inaugura il Vangelo[163]; saluta la venuta di Cristo fin dal seno di sua madre[164] e trova la sua gioia nell'essere «l'amico dello sposo»[165] che designa come «l'Agnello di Dio che toglie il peccato del mondo»[166]. Precedendo Gesù «con lo spirito e la forza di Elia»[167], gli rende testimonianza con la sua predicazione, con il suo battesimo di conversione ed infine con il suo martirio.[168]

La Chiesa, celebrando ogni anno la liturgia dell'Avvento, attualizza questa attesa del Messia[169]. Mettendosi in comunione con la lunga preparazione della prima venuta del Salvatore, i fedeli ravvivano l'ardente desiderio della sua seconda venuta.[170] Con la celebrazione della nascita e del martirio del Precursore, la Chiesa si unisce al suo desiderio: «*Egli deve crescere; io, invece, diminuire*»[171].

---

151 Cfr. *Mt 5,11-12.*
152 CONCILIO ECUMENICO VATICANO II, GS, 22.
153 CCC 521.
154 GIOVANNI EUDES, *Tractatus de regno Iesu,* in LITURGIA DELLE ORE, IV, Ufficio delle letture del venerdì della XXXIII settimana.
155 *Eb 9,15.*
156 Cfr. CCC 522.
157 CCC 523.
158 Cfr. *At 13,24.*
159 Cfr. *Mt* 3,3.
160 *Lc 1,76.*
161 Cfr. *Lc 7,26.*
162 Cfr. *Mt 11,13.*
163 Cfr. *At 1,22*; *Lc 16,16.*
164 Cfr. *Lc 1,41.*
165 *Gv 3,39.*
166 *Gv 1,29.*
167 *Lc 1,17.*
168 Cfr. *Mc 6,17-29.*
169 CCC 524.
170 Cfr. *Ap 22,17.*
171 *Gv 3,30.*

3.3.2 Il mistero del Natale

Gesù è nato nell'umiltà di una stalla, in una famiglia povera[172]; semplici pastori sono i primi testimoni dell'avvenimento[173]. In questa povertà si manifesta la gloria del cielo[174]. La Chiesa non cessa di cantare la gloria di questa notte:

> «La Vergine oggi dà alla luce l'Eterno e la terra offre una grotta all'inaccessibile. Gli angeli e i pastori a lui inneggiano e i magi, guidati dalla stella, vengono ad adorarlo. Tu sei nato per noi piccolo Bambino, Dio eterno!»[175].

Il Figlio di Dio si è fatto bambino perché noi, divenendo piccoli, potessimo entrare nel regno di Dio[176]. «Diventare come i bambini» in rapporto a Dio è la condizione per entrare nel Regno[177]; per questo ci si deve abbassare[178], si deve diventare piccoli; anzi bisogna «rinascere dall'alto»[179], essere generati da Dio[180] per diventare figli di Dio[181]. Il mistero del Natale si compie in noi allorché Cristo «si forma» in noi[182]: Natale è il mistero di questo «meraviglioso scambio»:

> *«O admirabile commercium! Creator generis humani, animatum corpus sumens, de Virgine nasci dignatus est; et procedens homo sine semine, largitus est nobis suam deitatem* - O meraviglioso scambio! Il Creatore ha preso un'anima e un corpo, è nato da una Vergine; fatto uomo senza opera d'uomo, ci dona la sua divinità»[183].

3.3.3 I misteri dell'infanzia di Gesù

La circoncisione di Gesù[184], otto giorni dopo la nascita[185], è segno del suo inserimento nella discendenza di Abramo, nel popolo dell'Alleanza, della sua sottomissione alla Legge[186], della sua abilitazione al culto d'Israele, cui parteciperà durante tutta la vita. Questo segno è prefigurazione della «circoncisione di Cristo» che è il Battesimo[187].

L'epifania è la manifestazione di Gesù come Messia d'Israele, Figlio di Dio e Salvatore del mondo[188]. Insieme con il battesimo di Gesù nel Giordano e con le nozze di Cana[189], essa celebra l'adorazione di Gesù da parte dei «magi» venuti dall'oriente[190]. In questi «magi», che rappresentano le religioni pagane circostanti, il Vangelo vede le primizie delle nazioni che nell'incarnazione accolgono la Buona Novella della salvezza. La venuta dei magi a Gerusalemme per adorare il Re dei Giudei[191] mostra che essi, alla luce messianica della stella di Davide[192], cercano in Israele colui

---

172 Cfr. *Lc 2,6-7.*
173 CCC 525.
174 Cfr. *Lc 2,8-20.*
175 ROMANO IL MELODE, *Kontakion.*
176 CCC 526.
177 Cfr. *Mt 18,3-4.*
178 Cfr. *Mt 23,12.*
179 *Gv 3,7.*
180 Cfr. *Gv 1,13.*
181 *Gv 1,12.*
182 Cfr. *Gal 4,19.*
183 LITURGIA DELLE ORE, vol. I, *Prima Antifona dei Primi Vespri nell'Ottava di Natale.*
184 CCC 527.
185 Cfr. *Lc 2,21.*
186 Cfr. *Gal 4,4.*
187 Cfr. *Col 2,11-13.*
188 CCC 528.
189 Cfr. LITURGIA DELLE ORE, vol. I, *Antifona al Magnificat dei Secondi Vespri dell'Epifania.*
190 Cfr. *Mt 2,1.*
191 Cfr. *Mt 2,2.*

che sarà il Re delle nazioni[193]. La loro venuta sta a significare che i pagani non possono riconoscere Gesù e adorarlo come Figlio di Dio e Salvatore del mondo se non volgendosi ai Giudei[194] e ricevendo da loro la Promessa messianica quale è contenuta nell'Antico Testamento[195]. L'epifania manifesta che «la grande massa delle genti» entra nella famiglia dei patriarchi[196] e ottiene la «dignità israelitica»[197].

La presentazione di Gesù al Tempio[198] lo mostra come il Primogenito che appartiene al Signore[199]. In Simeone e Anna è tutta l'attesa di Israele che viene all'incontro con il suo Salvatore (la tradizione bizantina chiama così questo avvenimento). Gesù è riconosciuto come il Messia tanto a lungo atteso «luce delle genti» e «gloria di Israele», ma anche come «segno di contraddizione». La spada di dolore predetta a Maria annunzia l'altra offerta, perfetta ed unica, quella della croce, la quale darà la salvezza «preparata da Dio davanti a tutti i popoli»[200].

La fuga in Egitto e la strage degli innocenti[201] manifestano l'opposizione delle tenebre alla luce: «*Venne fra la sua gente, ma i suoi non l'hanno accolto*»[202]. L'intera vita di Cristo sarà sotto il segno della persecuzione. I suoi condividono con Lui questa sorte.[203] Il suo ritorno dall'Egitto[204] ricorda l'Esodo[205] e presenta Gesù come il liberatore definitivo[206].

3.3.4 I misteri della vita nascosta di Gesù

Durante la maggior parte della sua vita, Gesù ha condiviso la condizione della stragrande maggioranza degli uomini: un'esistenza quotidiana senza apparente grandezza, vita di lavoro manuale, vita religiosa giudaica sottomessa alla Legge di Dio[207], vita nella comunità[208]. Riguardo a tutto questo periodo ci è rivelato che Gesù era sottomesso ai suoi genitori e che «*cresceva in sapienza, età e grazia davanti a Dio e agli uomini*»[209].

Nella sottomissione di Gesù a sua Madre e al suo padre legale si realizza l'osservanza perfetta del quarto comandamento[210]. Tale sottomissione è l'immagine nel tempo dell'obbedienza filiale al suo Padre celeste. La quotidiana sottomissione di Gesù a Giuseppe e a Maria annunziava e anticipava la sottomissione del Giovedì Santo: «*Non la mia volontà, ma la tua sia fatta*»[211]. L'obbedienza di Cristo nel quotidiano della vita nascosta inaugurava già l'opera di restaurazione di ciò che la disobbedienza di Adamo aveva distrutto[212].

---

192 Cfr. *Nm 24,17*; *Ap 22,16*.
193 Cfr. *Nm 24,17-19*.
194 Cfr. *Gv 4,22*.
195 Cfr. *Mt 2,4-6*.
196 LEONE MAGNO, *Sermones*, 23: PL 54, 224B, cfr. LITURGIA DELLE ORE, vol. I, *Ufficio delle Letture dell'Epifania.*
197 MESSALE ROMANO, *Veglia pasquale: orazione dopo la terza lettura..*
198 Cfr. *Lc 2,22-39*.
199 Cfr. *Es 13,12-13*.
200 CCC 529.
201 Cfr. *Mt 2,13-18*.
202 *Gv 1,11*.
203 Cfr. *Gv 15,20*.
204 Cfr. *Mt 2,15*.
205 Cfr. *Os 11,1*.
206 CCC 530.
207 Cfr. *Gal 4,4*.
208 CCC 531.
209 *Lc 2,52*.
210 CCC 532.
211 Cfr. *Lc 22,42*.
212 Cfr. *Rm 5,19*.

La vita nascosta di Nazaret permette ad ogni uomo di essere in comunione con Gesù nelle vie più ordinarie della vita quotidiana[213]:

«Nazaret è la scuola dove si è iniziati a comprendere la vita di Gesù, cioè la scuola del Vangelo. [...] In primo luogo essa ci insegna il silenzio. Oh! se rinascesse in noi la stima del silenzio, atmosfera ammirabile e indispensabile dello spirito [...]. Essa ci insegna il modo di vivere in famiglia. Nazaret ci ricordi cos'è la famiglia, cos'è la comunione di amore, la sua bellezza austera e semplice, il suo carattere sacro e inviolabile [...]. Infine impariamo una lezione di lavoro. Oh! dimora di Nazaret, casa del «Figlio del falegname»! Qui soprattutto desideriamo comprendere e celebrare la legge, severa certo, ma redentrice della fatica umana [...]. Infine vogliamo salutare gli operai di tutto il mondo e mostrar loro il grande modello, il loro divino fratello»[214].

Il ritrovamento di Gesù nel Tempio[215] è il solo avvenimento che rompe il silenzio dei Vangeli sugli anni nascosti di Gesù. Gesù vi lascia intravedere il mistero della sua totale consacrazione a una missione che deriva dalla sua filiazione divina: «*Non sapevate che io devo occuparmi delle cose del Padre mio?*». Maria e Giuseppe «non compresero» queste parole, ma le accolsero nella fede, e Maria «*serbava tutte queste cose nel suo cuore*» nel corso degli anni in cui Gesù rimase nascosto nel silenzio di una vita ordinaria[216].

3.4. I misteri della vita pubblica di Gesù

3.4.1 Il battesimo di Gesù

L'inizio[217] della vita pubblica di Gesù è il suo battesimo da parte di Giovanni nel Giordano[218] Giovanni predicava «*un battesimo di conversione per il perdono dei peccati*»[219] Una folla di peccatori, pubblicani e soldati[220], farisei e sadducei[221] e prostitute[222] vengono a farsi battezzare da lui. «Allora Gesù andò». Il Battista esita, Gesù insiste: riceve il battesimo. Allora lo Spirito Santo, sotto forma di colomba, scende su Gesù e una voce dal cielo dice: «*Questi è il Figlio mio prediletto*»[223]. È la manifestazione («epifania») di Gesù come Messia di Israele e Figlio di Dio[224].

Il battesimo di Gesù è vissuto, da parte sua, come l'accettazione e l'inaugurazione della sua missione di Servo sofferente. Egli si lascia annoverare tra i peccatori[225]; è già «l'Agnello di Dio che toglie il peccato del mondo»[226]; già anticipa il «battesimo» della sua morte cruenta[227]. Già viene ad adempiere «ogni giustizia»[228], cioè si sottomette totalmente alla volontà del Padre suo: accetta per amore il battesimo di morte per la remissione dei nostri peccati[229]. A tale accettazione risponde la

---

213 CCC 533.
214 PAOLO VI, Discorso del 5 gennaio 1964 a Nazaret, cfr. LITURGIA DELLE ORE, vol. I, *Ufficio delle Letture della festa della Santa Famiglia.*
215 *Lc 1,41-52.*
216 CCC 534.
217 Cfr. *Lc 3,23.*
218 Cfr. *At 1,22.*
219 *Lc 3,3.*
220 Cfr. *Lc 3,10-14.*
221 Cfr. *Mt 3,7.*
222 Cfr. *Mt 21,32.*
223 *Mt 3,13-17.*
224 CCC 535.
225 Cfr. *Is 53,12.*
226 *Gv 1,29.*
227 Cfr. *Mc 10,38*; *Lc 12,50.*
228 *Mt 3,15.*
229 Cfr. *Mt 26,39.*

voce del Padre che nel Figlio suo si compiace[230].

Lo Spirito, che Gesù possiede in pienezza fin dal suo concepimento, si posa e «rimane» su di Lui[231]. Egli ne sarà la sorgente per tutta l'umanità. Al suo battesimo, «si aprirono i cieli»[232] che il peccato di Adamo aveva chiuso; e le acque sono santificate dalla discesa di Gesù e dello Spirito, preludio della nuova creazione[233].

Con il Battesimo, il cristiano è sacramentalmente assimilato a Gesù[234], il quale con il suo battesimo anticipa la sua morte e la sua risurrezione. Il cristiano deve entrare in questo mistero di umile abbassamento e pentimento, discendere nell'acqua con Gesù, per risalire con Lui, rinascere dall'acqua e dallo Spirito per diventare, nel Figlio, figlio amato dal Padre e «camminare in una vita nuova»[235]:

> «Scendiamo nella tomba insieme con Cristo per mezzo del Battesimo, in modo da poter anche risorgere insieme con lui; scendiamo con lui per poter anche risalire con lui; risaliamo con lui, per poter anche essere glorificati con lui»[236].

Tutto ciò che è avvenuto in Cristo ci fa comprendere che, dopo l'immersione nell'acqua, lo Spirito Santo vola su di noi dall'alto del cielo e che, adottati dalla voce del Padre – pur conservando il nostro essere figli di uomini e di donne – diventiamo figli di Dio[237].

3.4.2 Le tentazioni di Gesù

I Vangeli parlano di un tempo di solitudine di Gesù nel deserto, immediatamente dopo che ebbe ricevuto il battesimo da Giovanni[238]: «*Lo Spirito lo sospinse nel deserto*»[239] ed Egli vi rimane quaranta giorni digiunando; sta con le fiere e gli angeli lo servono[240]. Terminato questo periodo, Satana lo tenta tre volte cercando di mettere alla prova la sua disposizione filiale verso Dio. Gesù respinge tali assalti che ricapitolano le tentazioni di Adamo nel paradiso e quelle d'Israele nel deserto e il diavolo si allontana da lui «*per ritornare al tempo fissato*»[241], ossia ai piedi della croce.

Gli Evangelisti rilevano il senso salvifico di questo misterioso avvenimento. Gesù è il nuovo Adamo, rimasto fedele mentre il primo ha ceduto alla tentazione. Gesù compie perfettamente la vocazione d'Israele: contrariamente a coloro che in passato provocarono Dio durante i quaranta anni nel deserto[242], Cristo si rivela come il Servo di Dio obbediente in tutto alla divina volontà. Così Gesù è vincitore del diavolo: Egli ha legato l'uomo forte per riprendergli il suo bottino[243].

La vittoria di Gesù sul tentatore nel deserto anticipa la vittoria della passione, suprema obbedienza del suo amore filiale per il Padre[244].

La tentazione di Gesù manifesta quale sia la messianicità del Figlio di Dio[245], in opposizione a

---

230 Cfr. *Lc 3,22*; *Is 42,1*.
231 Cfr. *Gv 1,32-33*; cfr. *Is 11,2*.
232 *Mt 3,16*.
233 CCC 536.
234 CCC 537.
235 *Rm 6,4*.
236 GREGORIO NAZIANZENO, *Orationes*, 40, 9: PG 36, 369B.
237 ILARIO DI POITIERS, *In evangelium Matthaei*, 2: PL 9, 927.
238 CCC 538.
239 *Mc 1,12*.
240 Cfr. *Mc 1,12-13*.
241 *Lc 4,13*.
242 Cfr. *Sal 95,10*.
243 Cfr. *Mc 3,27*.
244 CCC 539.
245 CCC 540.

quella propostagli da Satana e che gli uomini[246] desiderano attribuirgli. Per questo Cristo ha vinto il tentatore per noi: « *Infatti, non abbiamo un sommo sacerdote che non sappia compatire le nostre infermità, essendo stato lui stesso provato in ogni cosa, a somiglianza di noi, escluso il peccato*»[247].

La Chiesa ogni anno si unisce al mistero di Gesù nel deserto con i quaranta giorni della Quaresima[248].

3.4.3 «Il regno di Dio è vicino»

Cristo inizia la sua missione predicando che il regno di Dio è vicino[249]: «*Dopo che Giovanni fu arrestato, Gesù si recò nella Galilea predicando il Vangelo di Dio e diceva: "Il tempo è compiuto e il regno di Dio è vicino: convertitevi e credete al Vangelo"*»[250].

Cristo, per adempiere la volontà del Padre, ha inaugurato in terra il regno dei cieli[251]. Ora, la volontà del Padre è di «elevare gli uomini alla partecipazione della vita divina»[252]. Lo fa radunando gli uomini attorno al Figlio suo, Gesù Cristo.

Questa assemblea è la Chiesa, la quale in terra costituisce «il germe e l'inizio» del regno di Dio[253].

Cristo è al centro di questa riunione degli uomini nella «famiglia di Dio»[254]. Li convoca attorno a sé con la sua Parola, con i suoi «segni» che manifestano il regno di Dio, con l'invio dei suoi discepoli. Egli realizzerà la venuta del suo Regno soprattutto con il grande mistero della sua Pasqua: la sua morte in croce e la sua risurrezione: «*Quando sarò elevato da terra, attirerò tatti a me*»[255]. E ricorda il Concilio Ecumenico Vaticano II: «Tutti gli uomini sono chiamati a questa unione con Cristo»[256].

3.4.4 L'anunzio del Regno di Dio

Tutti gli uomini sono chiamati ad entrare nel Regno[257]. Annunziato dapprima ai figli di Israele[258], questo regno messianico è destinato ad accogliere gli uomini di tutte le nazioni[259]. Per accedervi, è necessario accogliere la parola di Gesù: «La parola del Signore è paragonata appunto al seme che viene seminato in un campo: quelli che l'ascoltano con fede e appartengono al piccolo gregge di Cristo hanno accolto il regno stesso di Dio; poi il seme per virtù propria germoglia e cresce fino al tempo del raccolto»[260].

Il Regno appartiene ai poveri e ai piccoli, cioè a coloro che l'hanno accolto con un cuore umile[261]. Gesù è mandato per «*annunziare ai poveri un lieto messaggio*»[262]. Li proclama beati

[246] Cfr. *Mc 1,12-13.*
[247] *Eb 4,15.*
[248] CCC 540.
[249] CCC 541.
[250] *Mc 1,14-15.*
[251] CONCILIO ECUMENICO VATICANO II, LG, 3.
[252] *Ibidem,* 2.
[253] *Ibidem,* 5.
[254] CCC 542.
[255] *Gv 12,32.*
[256] CONCILIO ECUMENICO VATICANO II, LG, 3.
[257] CCC 543.
[258] Cfr. *Mt 10,5-7.*
[259] Cfr. *Mt 8,11*; *28,19.*
[260] CONCILIO ECUMENICO VATICANO II, LG, 5.
[261] CCC 544.
[262] *Lc 4,18*; cfr. *Lc 7,22.*

perché «*di essi è il regno dei cieli*»[263]; ai «piccoli» il Padre si è degnato di rivelare ciò che rimane nascosto ai sapienti e agli intelligenti[264]. Gesù condivide la vita dei poveri, dalla mangiatoia alla croce; conosce la fame[265], la sete[266] e l'indigenza[267]. Anzi, arriva ad identificarsi con ogni tipo di poveri e fa dell'amore operante verso di loro la condizione per entrare nel suo Regno[268].

Gesù invita i peccatori alla mensa del Regno[269]: «*Non sono venuto per chiamare i giusti, ma i peccatori*»[270]. Li invita alla conversione, senza la quale non si può entrare nel Regno, ma nelle parole e nelle azioni mostra loro l'infinita misericordia del Padre suo per loro[271] e l'immensa «gioia [che] ci sarà in cielo per un peccatore convertito»[272]. La prova suprema di tale amore sarà il sacrificio della propria vita «in remissione dei peccati»[273].

Gesù chiama ad entrare nel Regno servendosi delle *parabole*[274], elemento tipico del suo insegnamento[275]. Con esse Egli invita al banchetto del Regno[276], ma chiede anche una scelta radicale: per acquistare il Regno, è necessario «vendere» tutto[277]; le parole non bastano, occorrono i fatti[278]. Le parabole sono come specchi per l'uomo: accoglie la Parola come un terreno arido o come un terreno buono?[279] Che uso fa dei talenti ricevuti?[280] Al centro delle parabole stanno velatamente Gesù e la presenza del Regno in questo mondo. Occorre entrare nel Regno, cioè diventare discepoli di Cristo per «*conoscere i misteri del regno dei cieli*»[281]. Per coloro che rimangono «fuori»[282], tutto resta enigmatico[283].

3.4.5 I segni del Regno di Dio

Gesù accompagna le sue parole con numerosi «*miracoli, prodigi e segni*»[284], i quali manifestano che in lui il Regno è presente[285]. Attestano che Gesù è il Messia annunziato[286].

I *segni* compiuti da Gesù[287] testimoniano che il Padre lo ha mandato[288]. Essi sollecitano a credere in lui[289]. A quanti a Lui si rivolgono con fede Egli concede ciò che domandano[290]. Allora i miracoli rendono più salda la fede in colui che compie le opere del Padre suo: testimoniano che Egli

---

263 *Mt 5,3.*
264 Cfr. *Mt 11,25.*
265 Cfr. *Mc 2,23-26*; Mt *21,18.*
266 Cfr. *Gv 4,6-7*; *19,28.*
267 Cfr. *Lc 9,58.*
268 Cfr. *Mt 25,31-46.*
269 CCC 545.
270 *Mc 2,17.*
271 Cfr. *Lc 15,11-32.*
272 *Lc 15,7.*
273 *Mt 26,28.*
274 CCC 546.
275 Cfr. *Mc 4,33-34.*
276 Cfr. *Mt 22,1-14.*
277 Cfr. *Mt 13,44-45.*
278 Cfr. *Mt 21,28-32.*
279 Cfr. *Mt 13,3-9.*
280 Cfr. *Mt 25,14-30.*
281 *Mt 13,11.*
282 *Mc 4,11.*
283 Cfr. *Mt 13,10-15.*
284 *At 2,22.*
285 CCC 547.
286 Cfr. *Lc 7,18-23.*
287 CCC 548.
288 Cfr. *Gv 5,36*; *10,25.*
289 Cfr. *Gv 10,38.*
290 Cfr. *Mc 5,25-34*; *10,52.*

è il Figlio di Dio[291]. Ma possono anche essere motivo di scandalo[292]. Non mirano a soddisfare la curiosità e i desideri di qualcosa di magico. Nonostante i suoi miracoli tanto evidenti, Gesù è rifiutato da alcuni[293] lo si accusa perfino di agire per mezzo dei demoni[294].

Liberando alcuni uomini dai mali terreni della fame[295], dell'ingiustizia[296], della malattia e della morte[297], Gesù ha posto dei segni messianici; Egli non è venuto tuttavia per eliminare tutti i mali di quaggiù[298] ma per liberare gli uomini dalla più grave delle schiavitù: quella del peccato[299] che li ostacola nella loro vocazione di figli di Dio e causa tutti i loro asservimenti umani[300].

La venuta del regno di Dio è la sconfitta del regno di Satana[301]: «*Se io scaccio i demoni per virtù dello Spirito di Dio, è certo giunto fra voi il regno di Dio*»[302]. Gli esorcismi di Gesù liberano alcuni uomini dal tormento dei demoni[303]. Anticipano la grande vittoria di Gesù sul «principe di questo mondo»[304], il regno di Dio sarà definitivamente stabilito per mezzo della croce di Cristo[305]: «*Regnavit a ligno Deus* - Dio regnò dalla croce»[306].

3.4.6 «Le chiavi del Regno»

Fin dagli inizi della vita pubblica, Gesù sceglie dodici uomini perché stiano con lui e prendano parte alla sua missione[307], li fa partecipi della sua autorità e li manda «*ad annunziare il regno di Dio e a guarire gli infermi*»[308]. Restano per sempre associati al regno di Cristo, che, per mezzo di essi, guida la Chiesa[309]: «*Io preparo per voi un regno, come il Padre l'ha preparato per me; perché possiate mangiare e bere alla mia mensa nel mio regno, e siederete in trono a giudicare le dodici tribù d'Israele*[310].

Nel collegio dei Dodici Simon Pietro occupa il primo posto[311].

Gesù a lui ha affidato una missione unica[312]. Grazie ad una rivelazione concessagli dal Padre, Pietro aveva confessato: «*Tu sei il Cristo, il Figlio del Dio vivente*»[313]. Nostro Signore allora gli aveva detto: «*Tu sei Pietro e su questa pietra edificherò la mia Chiesa e le porte degli inferi non prevarranno contro di essa*»[314].

Cristo, «Pietra viva»[315], assicura alla sua Chiesa, fondata su Pietro, la vittoria sulle potenze di morte. Pietro, a causa della fede da lui confessata, resterà la roccia incrollabile della Chiesa. Avrà la

---

291 Cfr. *Gv 10,31-38.*
292 Cfr. *Mt 11,6.*
293 Cfr. *Gv 11,47-48.*
294 Cfr. *Mc 3,22.*
295 Cfr. *Gv 6,5-15.*
296 Cfr. *Lc 19,8.*
297 Cfr. *Mt 11,5.*
298 Cfr. *Lc 12,13-14*; *Gv 18,36.*
299 Cfr. *Gv 8,34-36.*
300 CCC 549.
301 Cfr. *Mt 12,36.*
302 *Mt 12,28.*
303 Cfr. *Lc 8,26-39.*
304 *Gv 12,31.*
305 CCC 550.
306 LITURGIA DELLE ORE, II, Inno «Vexilla Regis» per la Settimana Santa.
307 *Mc 3,13-19.*
308 *Lc 9,2.*
309 CCC 551.
310 *Lc 22,29-30.*
311 Cfr. *Mc 3,13-19.*
312 CCC 552.
313 *Mt 16,16.*
314 *Mt 16,18.*
315 *1 Pt 2,4.*

missione di custodire la fede nella sua integrità e di confermare i suoi fratelli[316].

Gesù ha conferito a Pietro un potere specifico[317]: «*A te darò le chiavi del regno dei cieli, e tutto ciò che legherai sulla terra sarà legato nei cieli, e tutto ciò che scioglierai sulla terra sarà sciolto nei cieli*»[318]. Il «potere delle chiavi» designa l'autorità per governare la casa di Dio, che è la Chiesa. Gesù, «il Buon Pastore»[319], ha confermato questo incarico dopo la risurrezione: «*Pasci le mie pecorelle*»[320]. Il potere di «legare e sciogliere» indica l'autorità di assolvere dai peccati, di pronunciare giudizi in materia di dottrina, e prendere decisioni disciplinari nella Chiesa. Gesù ha conferito tale autorità alla Chiesa attraverso il ministero degli Apostoli[321] e particolarmente di Pietro, il solo cui ha esplicitamente affidato le chiavi del Regno.

3.4.7 Un anticipo del Regno: la Trasfigurazione

Gesù ha annunciato spesso la sua passione, morte e risurrezione. Dal giorno in cui Pietro ha confessato che Gesù è il Cristo, il Figlio del Dio vivente, il Maestro[322]: «*cominciò a dire apertamente ai suoi discepoli che doveva andare a Gerusalemme, e soffrire molto* [...] *e venire ucciso e risuscitare il terzo giorno*»[323].

Pietro protesta a questo annunzio[324], gli altri addirittura non lo comprendono[325]. In tale contesto si colloca l'episodio misterioso della *trasfigurazione* di Gesù[326] su un alto monte, davanti a tre testimoni da lui scelti: lo stesso Pietro, insieme a Giacomo e Giovanni. Il volto e la veste di Gesù diventano sfolgoranti di luce; appaiono Mosè ed Elia che parlano «*della sua dipartita che avrebbe portato a compimento a Gerusalemme*»[327]. Una nube li avvolge e una voce dal cielo dice: «*Questi è il Figlio mio, l'eletto; ascoltatelo*»[328]. Per un istante, Gesù mostra la sua gloria divina, confermando così la confessione di Pietro[329]. Rivela anche che, per «*entrare nella sua gloria*»[330], deve passare attraverso la croce a Gerusalemme. Mosè ed Elia avevano visto la gloria di Dio sul monte; la Legge e i profeti avevano annunziato le sofferenze del Messia[331]. La passione di Gesù è proprio la volontà del Padre: il Figlio agisce come Servo di Dio[332]. La nube indica la presenza dello Spirito Santo.
Scrive il Dottore Angelico: «*Tota Trinitas apparuit: Pater in voce, Filius in homine, Spiritus in nube clara* - Apparve tutta la Trinità: il Padre nella voce, il Figlio nell'uomo, lo Spirito nella nube luminosa»[333]. E con espressioni liturgiche:

> «Tu ti sei trasfigurato sul monte, e, nella misura in cui ne erano capaci, i tuoi discepoli hanno contemplato la tua gloria, Cristo Dio, affinché, quando ti avrebbero visto crocifisso, comprendessero che la tua passione era volontaria ed annunziassero al mondo che tu sei veramente l'irradiazione del Padre»[334].

---

[316] Cfr. *Lc 22,32.*
[317] CCC 553.
[318] *Mt 16,19.*
[319] *Gv 10,11.*
[320] *Gv 21,15-17.*
[321] Cfr. *Mt 18,18.*
[322] CCC 554.
[323] *Mt 16,21.*
[324] Cfr. *Mt 16,22-23.*
[325] Cfr. *Mt 17,23*; *Lc 9,45.*
[326] Cfr. *Mt 17,1-8*; *2 Pt 1,16-18.*
[327] *Lc 9,31.*
[328] *Lc 9,35.*
[329] CCC 555.
[330] *Lc 24,26.*
[331] Cfr. *Lc 24,27.*
[332] Cfr. *Is 42,1.*
[333] TOMMASO D'AQUINO, *Summa Theologiae*, III, q. 45, a. 4, ad 2.
[334] LITURGIA BIZANTINA, *Kontakion* della festa della Trasfigurazione.

Potremmo dire alla soglia della vita pubblica: il battesimo; alla soglia della Pasqua: la trasfigurazione[335], ed in entrambi i momenti tutta la Santissima Trinità si manifesta. Col battesimo di Gesù «*declaratum fuit mysterium primae regenerationis*, fu manifestato il mistero della prima rigenerazione»: il nostro Battesimo; mentre la trasfigurazione «*est sacramentum secundae regenerationis* - è il sacramento della seconda rigenerazione»: la nostra risurrezione[336]. Fin d'ora noi partecipiamo alla risurrezione del Signore mediante lo Spirito Santo che agisce nel Sacramento del Corpo di Cristo.

La trasfigurazione ci offre un anticipo della venuta gloriosa di Cristo: «*il quale trasfigurerà il nostro misero corpo per conformarlo al suo corpo glorioso*»[337].

Ma ci ricorda anche che «*è necessario attraversare molte tribolazioni per entrare nel regno di Dio*»[338]. Annota sant'Agostino:

> «Pietro non lo capiva ancora quando sul monte desiderava vivere con Cristo. Questa felicità Cristo te la riservava dopo la morte, o Pietro. Ora invece Egli stesso ti dice: Discendi ad affaticarti sulla terra, a servire sulla terra, a essere disprezzato, a essere crocifisso sulla terra. È discesa la vita per essere uccisa; è disceso il pane per sentire la fame; è discesa la via, perché sentisse la stanchezza del cammino; è discesa la sorgente per aver sete; e tu rifiuti di soffrire?»[339].

3.4.8 La salita di Gesù a Gerusalemme

Gesù si avvia volontariamente verso la morte: «*Mentre stavano compiendosi i giorni in cui sarebbe stato tolto dal mondo, si diresse decisamente verso Gerusalemme*»[340].

Con questa decisione, indicava che saliva a Gerusalemme pronto a morire[341]. A tre riprese aveva annunziato la sua passione e la sua risurrezione[342]. Dirigendosi verso Gerusalemme dice: «*Non è possibile che un profeta muoia fuori di Gerusalemme*»[343].

Gesù ricorda il martirio dei profeti che erano stati messi a morte a Gerusalemme.[344] Tuttavia, non desiste dall'invitare Gerusalemme a raccogliersi attorno a lui[345]: «*Quante volte ho voluto raccogliere i tuoi figli, come una gallina raccoglie i pulcini sotto le ali, e voi non avete voluto!*»[346]. Quando arriva in vista di Gerusalemme, Gesù piange sulla città ed ancora una volta manifesta il desiderio del suo cuore:«*Se avessi compreso anche tu, in questo giorno, la via della pace! Ma ormai è stata nascosta ai tuoi occhi*»[347].

3.4.9 L'ingresso messianico di Gesù a Gerusalemme

Come Gerusalemme accoglierà il suo Messia? Dopo essersi sempre sottratto ai tentativi del popolo di farlo re[348], Gesù sceglie il tempo e prepara nei dettagli il suo ingresso messianico nella

---

335 CCC 556.
336 TOMMASO D'AQUINO, *Summa Theologiae*, III, q. 45, a. 4, ad 2.
337 *Fil 3,21.*
338 *At 14,22.*
339 AGOSTINO D'IPPONA, *Sermones*, 78, 6: PL 38, 492-493.
340 *Lc 9,51*; cfr. *Gv 13,1.*
341 CCC 557.
342 Cfr. *Mc 8,31-33*; *9,31-21*; *10,32-34.*
343 *Lc 13,33.*
344 Cfr. Mt *23,37a.*
345 CCC 568.
346 *Mt 23,37b.*
347 *Lc 19,42.*
348 Cfr. *Gv 6,15.*

città di «Davide, suo padre»[349]. È acclamato come il figlio di Davide, Colui che porta la salvezza (*Hosanna* significa: «Oh, sì, salvaci!», «donaci la salvezza!»). Ora, «Re della gloria»[350], entra nella sua città *«cavalcando un asino»*[351]: egli non conquista la Figlia di Sion, figura della sua Chiesa, né con l'astuzia né con la violenza, ma con l'umiltà che rende testimonianza alla verità[352] Per questo i soggetti del suo Regno, in quel giorno, sono i fanciulli[353] e i «poveri di Dio», i quali lo acclamano come gli angeli lo avevano annunziato ai pastori[354]. La loro acclamazione, *«Benedetto colui che viene nel nome del Signore»*[355], è ripresa dalla Chiesa nel *«Sanctus»* della liturgia eucaristica come introduzione al memoriale della pasqua del Signore[356].

L'ingresso di Gesù a Gerusalemme manifesta l'avvento del Regno che il Re-Messia si accinge a realizzare con la Pasqua della sua morte e risurrezione[357]. Con la celebrazione dell'entrata di Gesù in Gerusalemme, la domenica delle Palme, la liturgia della Chiesa dà inizio alla Settimana Santa.

---

349 *Lc 1,32*; cfr. *Mt 21,1-11*.
350 *Sal 24,7-19*.
351 *Zc 9,9*.
352 Cfr. *Gv 18,37*.
353 Cfr. *Mt 21,15-16*; *Sal 8,3*.
354 Cfr. *Lc 19,38*; *2,14*.
355 *Sal 118,26*.
356 CCC5 59.
357 CCC 560.

Capitolo Quarto

LA PASQUA DI MORTE E RISURREZIONE DI GESÙ CRISTO

(CCC 571 - 682)

Fu crocifisso per noi sotto Ponzio Pilato,
morì e fu sepolto.
Il terzo giorno è risuscitato, secondo le Scritture,
è salito al cielo, siede alla destra del Padre.
E di nuovo verrà nella gloria, per giudicare i vivi e i morti,
e il suo regno non avrà fine.

Con un testo paolino celeberrimo[358]

«*Tradidi enim vobis in primis quod et accepi, quoniam Christus mortuus est pro peccatis nostris secundum Scripturas, et quia sepultus est, et quia resurrexit tertia die secundum Scripturas, et quia visus est Cephae, et post hoc undecim; deinde visus est plus quam quingentis fratibus simul, ex quibus multi, manent usque adhuc, quindam autem dormierunt; deinde visus est Iacobo, deinde apostolis omnibus; novissime autem omnium tamquam abortivo visus est et mihi, Ego enim sum minimus apostolorum, qui non sum dignus vocari apostolus, quoniam persecutus sum ecclesiam Dei. Gratia autem Dei sum id quod sum, et gratia eius in me vacua non fuit, se abundantius illis omnibus laboravi; non ego autem, sed gratia Dei mecum. Sive enim ego sive illi, sic praedicamus, et sic credidistis*».

3A voi infatti ho trasmesso, anzitutto, quello che anch'io ho ricevuto, cioè che Cristo morì per i nostri peccati secondo le Scritture e che 4fu sepolto e che è risorto il terzo giorno secondo le Scritture e che apparve a Cefa e quindi ai Dodici. In seguito apparve a più di cinquecento fratelli in una sola volta: la maggior parte di essi vive ancora, mentre alcuni sono morti. 7Inoltre apparve a Giacomo, e quindi a tutti gli apostoli. Ultimo fra tutti apparve anche a me come a un aborto. 9Io infatti sono il più piccolo tra gli apostoli e non sono degno di essere chiamato apostolo perché ho perseguitato la Chiesa di Dio. 10Per grazia di Dio, però, sono quello che sono, e la sua grazia in me non è stata vana. Anzi, ho faticato più di tutti loro, non io però, ma la grazia di Dio che è con me. 11Dunque, sia io che loro, così predichiamo e così avete creduto».

Il mistero pasquale della croce e della risurrezione di Cristo è al centro della Buona Novella che gli Apostoli, e la Chiesa dopo di loro, devono annunziare al mondo. Il disegno salvifico di Dio si è compiuto «una volta sola»[359] con la morte redentrice del Figlio suo Gesù Cristo[360].

La Chiesa resta fedele all'interpretazione di tutte le Scritture data da Gesù stesso sia prima, sia dopo la sua pasqua[361]: «*Non bisognava che il Cristo patisse queste sofferenze per entrare nella sua gloria?*»[362].

Le sofferenze di Gesù hanno preso la loro forma storica concreta dal fatto che Egli è stato

358 *1 Cor 15,3-11.*
359 *Eb 9,26.*
360 CCC 571.
361 *Lc 24,27.44-45.*
362 *Lc 24,26.*

«rifiuitato dagli anziani, dai capi dei sacerdoti e dagli scribi»[363], i quali lo hanno consegnato *«ai pagani perché venga deriso e flagellato e crocifisso»*[364].

4.1 Gesù e Israele

Fin dagli inizi del ministero pubblico di Gesù, alcuni farisei e alcuni sostenitori di Erode, con alcuni sacerdoti e scribi, si sono accordati per farlo morire[365]. Per certe sue azioni: per la cacciata dei demoni[366], il perdono dei peccati[367], le guarigioni in giorno di sabato[368], la propria interpretazione dei precetti di purità legale[369], la familiarità con i pubblicani e i pubblici peccatori[370]. Gesù è apparso ad alcuni malintenzionati "sospetto di possessione demoniaca"[371]. Lo si è accusato di bestemmia[372] e di falso profetismo[373], crimini religiosi che la Legge puniva con la pena di morte sotto forma di lapidazione[374].

Agli occhi di molti in Israele, Gesù sembra agire contro le istituzioni fondamentali del popolo eletto[375]:

- l'obbedienza alla Legge nell'integralità dei suoi precetti scritti per i farisei, nell'interpretazione della tradizione orale;
- la centralità del Tempio di Gerusalemme come luogo santo dove Dio abita in un modo privilegiato;
- la fede nell'unico Dio del quale nessun uomo può condividere la gloria.

4.1.1 Gesù e la Legge

Gesù ha fatto una solenne precisazione all'inizio del discorso della montagna, quando ha presentato, alla luce della grazia della Nuova Alleanza, la Legge data da Dio sul Sinai al momento della prima Alleanza: *«Non crediate che io sia venuto ad abolire la Legge o i Profeti; non sono venuto ad abolire, ma a dare pieno compimento. In verità io vi dico: finché non siano passati il cielo e la terra, non passerà un solo iota o un solo trattino della Legge, senza che tutto sia avvenuto. Chi dunque trasgredirà uno solo di questi minimi precetti e insegnerà agli altri a fare altrettanto, sarà considerato minimo nel regno dei cieli. Chi invece li osserverà e li insegnerà, sarà considerato grande nel regno dei cieli»*[376].

4.1.2 Gesù e il Tempio

Gesù, come prima di Lui i profeti, ha manifestato per il Tempio di Gerusalemme il più profondo rispetto. Vi è stato presentato da Giuseppe e Maria quaranta giorni dopo la nascita[377].

---

363 *Mc 8,31.*
364 *Mt 20,19.*
365 Cfr. *Mc 3,6.*
366 Cfr. *Mt 12,34.*
367 Cfr. *Mc 2,7.*
368 Cfr. *Mc 3,1-6.*
369 Cfr. *Mc 7,14-23.*
370 Cfr. *Mc 2,14-17.*
371 Cfr. *Mc 3,22*; *Gv 8,48*; *10,20.*
372 Cfr. *Mc 2,7*; *Gv 5,18*; *10,33.*
373 Cfr. *Gv 7,12*; *7,52.*
374 Cfr. *Gv 8,59*; *10,31.*
375 CCC 576.
376 *Mt 5,17-19.*
377 Cfr. *Lc 2,22-39.*

All'età di dodici anni decide di rimanere nel Tempio, per ricordare ai suoi genitori che Egli deve occuparsi delle cose del Padre suo[378]. Vi è salito ogni anno, almeno per la Pasqua, durante la sua vita nascosta[379]; lo stesso suo ministero pubblico è stato ritmato dai suoi pellegrinaggi a Gerusalemme per le grandi feste ebraiche[380].

Gesù è salito al Tempio come al luogo privilegiato dell'incontro con Dio[381]. Per Lui il Tempio è la dimora del Padre suo, una casa di preghiera, e si accende di sdegno per il fatto che il cortile esterno è diventato un luogo di commercio[382]. Se scaccia i mercanti dal Tempio, a ciò è spinto dall'amore geloso per il Padre suo: «*Non fate della casa di mio Padre un luogo di mercato. I discepoli si ricordarono che sta scritto: "Lo zelo per la tua casa mi divora"*»[383]. Dopo la sua risurrezione, gli Apostoli hanno conservato un religioso rispetto per il Tempio[384].

Alla vigilia della sua passione, Gesù ha però annunziato la distruzione di questo splendido edificio, di cui non sarebbe rimasta pietra su pietra[385]. In ciò vi è l'annunzio di un segno degli ultimi tempi che stanno per iniziare con la sua Pasqua[386]. E proprio questa profezia, riferita in maniera deformata da falsi testimoni, diventa motivo di accusa, al momento del suo interrogatorio presso il sommo sacerdote,[387] e ingiuria, più volte ripetuta, mentre era inchiodato sulla croce[388].

4.1.3 Gesù e la fede d'Israele nel Dio unico e Salvatore

Se la Legge e il Tempio di Gerusalemme hanno potuto essere occasione di «contraddizione»[389] da parte di Gesù per le autorità religiose di Israele, è però il suo ruolo nella redenzione dei peccati, opera divina per eccellenza, a rappresentare per costoro la vera pietra d'inciampo[390].

Gesù ha scandalizzato i farisei mangiando con i pubblicani e i peccatori[391] con la stessa familiarità con cui pranzava con loro[392]. Contro quelli tra i farisei «*che presumevano di essere giusti e disprezzavano gli altri*»[393], Gesù ha affermato: «*Io non sono venuto a chiamare i giusti, ma i peccatori a convertirsi*»[394]. Si è spinto oltre, proclamando davanti ai farisei che, essendo il peccato universale[395], coloro che presumono di non avere bisogno di salvezza, sono ciechi sul proprio conto[396].

Soltanto l'identità divina della persona di Gesù può giustificare un'esigenza assoluta come questa: «*Chi non è con me è contro di me*»[397]; altrettanto quando egli dice che in Lui c'è «*più di Giona,* [...] *più di Salomone*»[398], qualcosa più grande del Tempio[399]; quando ricorda, a proprio

---

378 Cfr. *Lc 2,46-49.*
379 Cfr. *Lc 2,41.*
380 CCC 583.
381 CCC 584.
382 Cfr. *Mt 21,13.*
383 *Sal 69,10*; *Gv 2,16-17.*
384 Cfr. *At 2,46*; *3,1*; *5,20-21.*
385 CCC 585; cfr. *Mt 24,1-2.*
386 Cfr. *Mt 24,3*; *Lc 13,35.*
387 Cfr. *Mc 14,57-58.*
388 Cfr. *Mt 27,39-40.*
389 Cfr. *Lc 2,34.*
390 CCC 587; Cfr. *Lc 20,17-18*; *Sal 118,22.*
391 Cfr. *Lc 5,30.*
392 Cfr. *Lc 7,36*; *11,37*; *14,1.*
393 *Lc 18, 9*; Cfr. *Gv 7,49*; *9,34.*
394 *Lc 5,32.*
395 Cfr. *Gv 8,33-36.*
396 CCC 588; Cfr. *Gv 9,40-41.*
397 *Mt 12,30.*
398 *Mt 12,41-42.*
399 Cfr. *Mt 12,6.*

riguardo, che Davide ha chiamato il Messia suo Signore[400]; e quando afferma: «*Prima che Abramo fosse, Io Sono*»[401]; e anche: «*Io e il Padre siamo una cosa sola*»[402].

4.2. Gesù morì crocifisso

4.2.1 Il processo di Gesù

4.2.1.1 Divisione tra le autorià ebraiche a rigardo di Geù

Tra le autorità religiose di Gerusalemme non ci sono stati solamente il fariseo Nicodemo[403] o il notabile Giuseppe di Arimatea ad essere, di nascosto, discepoli di Gesù[404], ma a proposito di Lui[405] sono sorti dissensi per lungo tempo al punto che, alla vigilia stessa della sua passione, san Giovanni può dire: «*Tra i capi, molti credettero in lui*», anche se in maniera assai imperfetta[406]. La cosa non ha nulla di sorprendente se si tiene presente che all'indomani della Pentecoste «*un gran numero di sacerdoti aderiva alla fede*»[407] e che «*alcuni della setta dei farisei erano diventati credenti*»[408] al punto che san Giacomo può dire a san Paolo: «*Tu vedi, o fratello, quante migliaia di Giudei sono venuti alla fede e tutti sono gelosamente attaccati alla Legge*»[409].

4.2.1.2 Gli Ebrei non sono collettivamente responsabili della morte di Gesù

Tenendo conto della complessità storica del processo a Gesù espressa nei racconti evangelici, e qualunque possa essere stato il peccato personale dei protagonisti del processo (Giuda, il Sinedrio, Pilato), che Dio solo conosce, non si può attribuirne la responsabilità all'insieme degli Ebrei di Gerusalemme, malgrado le grida di una folla manipolata[410] e i rimproveri collettivi contenuti negli appelli alla conversione dopo la Pentecoste[411]. Gesù stesso perdonando sulla croce[412] e Pietro, sul suo esempio, hanno riconosciuto l'«ignoranza»[413] degli Ebrei di Gerusalemme ed anche dei loro capi. Ancor meno si può, a partire dal grido del popolo: «*Il suo sangue ricada sopra di noi e sopra i nostri figli*»[414] che è una formula di ratificazione[415], estendere la responsabilità agli altri Ebrei nel tempo e nello spazio[416]. Molto bene la Chiesa ha dichiarato nel Concilio Vaticano II:

> «Quanto è stato commesso durante la passione non può essere imputato né indistintamente a tutti gli Ebrei allora viventi, né agli Ebrei del nostro tempo. [...] Gli Ebrei non devono essere presentati né come rigettati da Dio, né come maledetti, come se ciò scaturisse dalla Sacra Scrittura»[417].

---

400 Cfr. *Mc 12,36-37.*
401 *Gv 8,59.*
402 *Gv 10,30*; CCC 590.
403 Cfr. *Gv 7,50.*
404 Cfr. *Gv 19,38-39.*
405 Cfr. *Gv 9,16-17; 10,19-21.*
406 *Gv 12,42.*
407 *At 6,7.*
408 *At 15,5.*
409 *At 20,21*; CCC 595;
410 Cfr. *Mc 15,11.*
411 Cfr. *At 2,23.36; 3,13-14; 4,10; 5,30; 7,52; 10,39; 13,27-28; 1 Ts 2,14-15.*
412 Cfr. *Lc 23,34.*
413 Cfr. *At 3,17.*
414 *Mt 27,25.*
415 Cfr. *At 5,28; 18,6.*
416 CCC 597.
417 CONCILIO ECUMENICO VATICANO II, NA, 4.

4.2.1.3 Tutti i peccatori furoni autori della passione di Gesù

La Chiesa, nel magistero della sua fede e nella testimonianza dei suoi santi, non ha mai dimenticato che «ogni singolo peccatore è realmente causa e strumento delle [...] sofferenze» del divino Redentore[418]. Tenendo conto del fatto che i nostri peccati offendono Cristo stesso[419], la Chiesa non esita ad imputare ai cristiani la responsabilità più grave nel supplizio di Gesù, responsabilità che troppo spesso essi hanno fatto ricadere unicamente sugli Ebrei[420]:

> «È chiaro che più gravemente colpevoli sono coloro che più spesso ricadono nel peccato. Se infatti le nostre colpe hanno condotto Cristo al supplizio della croce, coloro che si immergono nell'iniquità crocifiggono nuovamente, per quanto sta in loro, il Figlio di Dio e lo scherniscono con un delitto ben più grave in loro che non negli Ebrei. Questi infatti – afferma san Paolo – se lo avessero conosciuto, non avrebbero crocifisso il Signore della gloria (2 Cor 2,8). Noi cristiani, invece, pur confessando di conoscerlo, di fatto lo rinneghiamo con le nostre opere e leviamo contro di lui le nostre mani violente e peccatrici»[421].

> «E neppure i demoni lo crocifissero, ma sei stato tu con essi a crocifiggerlo, e ancora lo crocifiggi, quando ti diletti nei vizi e nei peccati»[422].

4.2.2 La morte redentrice di Cristo nel disegno divino della salvezza

4.2.2.1 «Gesù consegnato secondo il disegno prestabilito di Dio»

La morte violenta di Gesù non è stata frutto del caso in un concorso sfavorevole di circostanze. Essa appartiene al mistero del disegno di Dio, come spiega san Pietro agli Ebrei di Gerusalemme fin dal suo primo discorso di Pentecoste: *«Egli fu consegnato a voi secondo il prestabilito disegno e la prescienza di Dio»*[423]. Questo linguaggio biblico non significa che quelli che hanno consegnato Gesù[424] siano stati solo esecutori passivi di una vicenda scritta in precedenza da Dio[425].

4.2.2.2 «Morto per i nostri peccati secondo le Scritture»

Questo disegno divino di salvezza attraverso la messa a morte del «Servo Giusto»[426] era stato anticipatamente annunziato nelle Scritture come un mistero di redenzione universale, cioè di riscatto che libera gli uomini dalla schiavitù del peccato[427]. San Paolo professa, in una confessione di fede che egli dice di avere «ricevuto»[428], che *«Cristo morì per i nostri peccati secondo le Scritture»*[429]. La morte redentrice di Gesù compie in particolare la profezia del Servo sofferente[430]. Gesù stesso ha presentato il senso della sua vita e della sua morte alla luce del Servo sofferente[431].

---

418 CATECHISMO ROMANO, 1, 5, 11: P. RODRÍGUEZ (ed.), Città del Vatìcano-Pamplona 1989, 64; cfr. *Eb 12,3*.
419 Cfr. *Mt 25,45*; *At 9,4-5*.
420 CCC 598.
421 CATECHISMO ROMANO, 1, 5, 11: P. RODRÍGUEZ (ed.), Città del Vaticano-Pamplona 1989, 64.
422 FRANCESCO D'ASSISI, *Admonitio*, 5, 3.
423 *At 2,23*.
424 Cfr. *At 3,13*.
425 CCC 599.
426 Cfr. *Is 53,11*; *At 3,14*.
427 Cfr. *Is 53,11-12*; *Gv 8,34—36*.
428 Cfr. *2 Cor 15,3*.
429 *Ibidem*; Cfr. anche *At 3,18*; *7,52*; *13,29*; *26,22-23*.
430 Cfr. *Is 53,7-8*; *At 8,32-35*.
431 Cfr. *Mt 20,28*.

Dopo la risurrezione, egli ha dato questa interpretazione delle Scritture ai discepoli di Emmaus[432] e poi agli stessi Apostoli[433].

4.2.2.3 «Dio l'ha fatto peccato per noi»

San Pietro può, di conseguenza, formulare così la fede apostolica nel disegno divino della salvezza: «*Foste liberati dalla vostra vuota condotta ereditata dai vostri padri con il sangue prezioso di Cristo, come di agnello senza difetti e senza macchia. Egli fu predestinato, già prima della fondazione del mondo, ma si è manifestato negli ultimi tempi per voi*»[434]. I peccati degli uomini, conseguenti al peccato originale, sono sanzionati dalla morte[435]. Inviando il suo proprio Figlio nella condizione di servo[436], quella di una umanità decaduta e votata alla morte a causa del peccato[437], «*Colui che non aveva conosciuto peccato, Dio lo trattò da peccato in nostro favore, perché noi potessimo diventare per mezzo di lui giustizia di Dio*»[438].

Gesù non ha conosciuto la riprovazione come se Egli stesso avesse peccato[439]. Ma nell'amore redentore che sempre lo univa al Padre[440], egli ci ha assunto nella nostra separazione da Dio a causa del peccato al punto da poter dire a nome nostro sulla croce: «*Mio Dio, mio Dio, perché mi hai abbandonato?*»[441]. Avendolo reso così solidale con noi peccatori, «*Dio non ha risparmiato il proprio Figlio, ma lo ha dato per tutti noi*»[442], affinché noi fossimo «*riconciliati con lui per mezzo della morte del Figlio suo*»[443].

4.2.2.4 Dio ha l'iniziativa dell'amore redentore universale

Nel consegnare suo Figlio per i nostri peccati, Dio manifesta che il suo disegno su di noi è un disegno di amore benevolo che precede ogni merito da parte nostra: «*In questo sta l'amore: non siamo stati noi ad amare Dio, ma è Lui che ha amato noi e ha mandato il suo Figlio come vittima di espiazione per i nostri peccati*»[444]. Ed ancora: «*Dio dimostra il suo amore verso di noi, perché, mentre eravamo ancora peccatori, Cristo è morto per noi*»[445].

4.3 Cristo ha offerto se stesso al Padre per i nostri peccati

4.3.1 La vita di Cristo è offerta al Padre

Il Figlio di Dio disceso dal cielo non per fare la sua volontà ma quella di Colui che l'ha mandato[446], «*entrando nel mondo, Cristo dice:* [...] *Ecco, io vengo per fare la tua volontà* [...] *Mediante quella volontà siamo stati santificati per mezzo dell'offerta del corpo di Gesù Cristo, una volta per sempre*»[447]. Dal primo istante della sua incarnazione, il Figlio abbraccia nella sua missione

---

432 Cfr. *Lc 24,25-27.*
433 Cfr. Lc *24,44-45*; CCC 601.
434 *1 Pt 1,18-20.*
435 Cfr. *Rm* 5,12; *1 Cor 15,56.*
436 Cfr. *Fil 2,7.*
437 Cfr. *Rm 8,3.*
438 *2 Cor 5,21*; CCC 602.
439 Cfr. *Gv 8,46.*
440 Cfr. *Gv 8,29.*
441 *Mc 15,34*; Cfr. *Sal 22,1.*
442 *Rm 8,32.*
443 *Rm 5,10*; CCC 603.
444 *1 Gv 4,10*; Cfr. *1 Gv 4,19.*
445 *Rm 5,8*; CCC 604.
446 Cfr. *Gv 6,38.*
447 *Eb 10, 5-10.*

redentrice il disegno divino di salvezza: «*Mio cibo è fare la volontà di colui che mi ha mandato e compiere la sua opera*»[448]. Il sacrificio di Gesù «*per i peccati di tutto il mondo*»[449] è l'espressione della sua comunione d'amore con il Padre: «*Il Padre mi ama perché io offro la mia vita*»[450]. «*Bisogna che il mondo sappia che io amo il Padre e come il Padre mi ha comandato, così io agisco*»[451].

Questo desiderio di abbracciare il disegno di amore redentore del Padre suo anima tutta la vita di Gesù perché la sua passione redentrice è la ragion d'essere della sua incarnazione: «*che cosa dirò? Padre, salvami da quest'ora? Ma proprio per questo sono giunto a quest'ora!* »[452]. «*Il calice che il Padre mi ha dato, non dovrò berlo?*»[453]. E ancora sulla croce, prima che «*tutto* [sia] *compiuto*»[454], egli dice: «*Ho sete*»[455].

4.3.2 «L'Agnello che toglie il peccato del mondo»

Dopo aver accettato di dargli il battesimo tra i peccatori[456], Giovanni Battista ha visto e mostrato in Gesù l'Agnello di Dio che toglie il peccato del mondo[457]. Egli manifesta così che Gesù è insieme il Servo sofferente che si lascia condurre in silenzio al macello[458] e porta il peccato delle moltitudini[459] e l'Agnello pasquale simbolo della redenzione di Israele al tempo della prima pasqua[460]. Tutta la vita di Cristo esprime la sua missione: servire e dare la propria vita in riscatto per molti[461].

4.3.3 Gesù liberamente fa suo l'amore redentore del Padre

Accogliendo nel suo cuore umano l'amore del Padre per gli uomini, Gesù «*li amò sino alla fine*»[462], «*perché nessuno ha un amore più grande di questo: dare la propria vita per i propri amici*»[463]. Così nella sofferenza e nella morte la sua umanità è diventata lo strumento libero e perfetto del suo amore divino che vuole la salvezza degli uomini[464]. Infatti, Egli ha liberamente accettato la sua passione e la sua morte per amore del Padre suo e degli uomini che il Padre vuole salvare: «*Nessuno mi toglie* [la vita], *ma la offro da me stesso*»[465]. Di qui la sovrana libertà del Figlio di Dio quando va liberamente verso la morte[466].

---

448 *Gv 4, 34.*
449 *1 Gv 2,2.*
450 *Gv 10,17.*
451 *Gv 14,31*; CCC 606.
452 *Gv 12,27.*
453 *Gv 18,11.*
454 *Gv 19,30.*
455 *Gv 19,28*; CCC 607.
456 Cfr. Lc *3,21*; *Mt 3,14-15.*
457 Cfr. *Gv 1,29.36.*
458 Cfr. *Is 53,7*; *Ger 11,19.*
459 Cfr. *Is 53,12.*
460 Cfr. *Es 12,3-14*; *Gv 19,36*; 1 *Cor 3,7.*
461 CCC 608.
462 *Gv 13,1.*
463 *Gv 15,13.* Si veda V. M. MAJURI, *L'amicizia è ancora possibile oggi? Le risposte sapienziali nella storia del pensiero occidentale*, Roma 2013, 140-146.
464 Cfr. *Eb 2,10.17-18*; *4,15*; *5,7-9.*
465 *Gv 10,18.*
466 Cfr. *Gv 18,4-6*; *Mt 26,53.*

4.3.4 Alla Cena Gesù ha anticipato l'offerta libera della sua vita

La libera offerta che Gesù fa di Se stesso ha la sua più alta espressione nella Cena consumata con i dodici Apostoli[467] nella «*notte in cui veniva tradito*»[468]. La vigilia della sua passione, Gesù, quand'era ancora libero, ha fatto di quest'ultima Cena con i suoi Apostoli il memoriale della volontaria offerta di sé al Padre[469] per la salvezza degli uomini: «*Questo è il mio corpo che è* dato *per voi*»[470]. «*Questo è il mio sangue dell'alleanza, che è versato per molti per il perdono dei peccati*»[471].

L'Eucaristia che Egli istituisce in questo momento sarà il «memoriale»[472] del suo sacrificio. Gesù nella sua offerta include gli Apostoli e chiede loro di perpetuarla[473]. Con ciò, Gesù istituisce i suoi Apostoli sacerdoti della Nuova Alleanza: «*Per loro io consacro me stesso, perché siano anch'essi consacrati nella verità*»[474].

4.3.5 L'agonia del Getsemani

Il calice della Nuova Alleanza, che Gesù ha anticipato alla Cena offrendo se stesso[475], in seguito Egli lo accoglie dalle mani del Padre nell'agonia al Getsemani[476] facendosi «*obbediente fino alla morte*»[477]. Gesù prega: «*Padre mio, se è possibile, passi da me questo calice!*»[478]. Egli esprime così l'orrore che la morte rappresenta per la sua natura umana. Questa, infatti, come la nostra, è destinata alla vita eterna; in più, a differenza della nostra, è perfettamente esente dal peccato[479] che causa la morte[480], ma soprattutto è assunta dalla Persona divina dell'«Autore della vita»[481], del «Vivente»[482]. Accettando nella sua volontà umana che sia fatta la volontà del Padre[483] Gesù accetta la sua morte in quanto redentrice, per «*portare i nostri peccati nel suo corpo sul legno della croce*»[484].

4.3.6 La morte di Cristo è il sacrificio unico e definitivo

La morte di Cristo è contemporaneamente il *sacrificio pasquale* che compie la redenzione definitiva degli uomini[485] per mezzo dell'Agnello che toglie il peccato del mondo[486] e il *sacrificio della Nuova Alleanza*[487] che di nuovo mette l'uomo in comunione con Dio[488] riconciliandolo con

---

467 Cfr. *Mt 26,20.*
468 *1 Cor 11, 23.*
469 Cfr. 1 *Cor 5,7.*
470 *Lc 22,19.*
471 *Mt 26,28*; CCC 610.
472 Cfr. *1 Cor 11,25.*
473 Cfr. *Lc 22,19.*
474 *Gv 17,29*; Cfr. CONCILIO DI TRENTO, Sessione XXII, *Doctrina de Sanctissimo Missae Sacrificio,* canone 2: DS 1752; IDEM, Sessione XXIII, *Doctrina de Sacramento Ordinis,* c. 1: DS 1764; CCC 6111.
475 Cfr. Lc *22,20.*
476 Cfr. Mt *26,42.*
477 *Fil 2,8*; Cfr. *Eb 5,7-8.*
478 *Mt 26,29.*
479 Cfr. *Eb 4,15.*
480 Cfr, *Rm 5,12.*
481 Cfr. At *3,15.*
482 Cfr. *Ap 1,18*; *Gv 1,4*; *5,26.*
483 Cfr. *Mt 26,42.*
484 *1 Pt 2,24*; CCC 612.
485 Cfr. *1 Cor 5,7*; *Gv 8,34-36.*
486 Cfr. *Gv 1,29*; *1 Pt 1,19.*
487 Cfr. *1 Cor 11,25.*

Lui mediante il sangue versato per molti in remissione dei peccati[489].

Questo sacrificio di Cristo è unico: compie e supera tutti i sacrifici[490]. Esso è innanzitutto un dono dello stesso Dio Padre che consegna il Figlio suo per riconciliare noi con Lui[491]. Nel medesimo tempo è offerta del Figlio di Dio fatto uomo che, liberamente e per amore[492], offre la propria vita[493] al Padre suo nello Spirito Santo[494] per riparare la nostra disobbedienza[495].

4.3.7 Gesù sostituisce la sua obbedienza alla nostra disobbedienza

«Come per la disobbedienza di un solo uomo tutti sono stati costituiti peccatori, così anche per l'obbedienza di uno solo tutti saranno costituiti giusti»[496]. Con la sua obbedienza fino alla morte, Gesù ha compiuto la sostituzione del Servo sofferente che offre se stesso *in espiazione,* mentre porta il peccato di molti, e li giustifica addossandosi la loro iniquità[497]. Gesù ha riparato per i nostri errori e dato soddisfazione al Padre per i nostri peccati[498].

4.3.8 Sulla croce Gesù consuma il suo sacrificio

È l'amore sino alla fine[499] che conferisce valore di redenzione e di riparazione, di espiazione e di soddisfazione al sacrificio di Cristo. Egli ci ha tutti conosciuti e amati nell'offerta della sua vita[500]. *«L'amore del Cristo ci spinge, al pensiero che uno è morto per tutti e quindi tutti sono morti»*[501]. Nessun uomo, fosse pure il più santo, era in grado di prendere su di sé i peccati di tutti gli uomini e di offrirsi in sacrificio per tutti. L'esistenza in Cristo della Persona divina del Figlio, che supera e nel medesimo tempo abbraccia tutte le persone umane e lo costituisce Capo di tutta l'umanità, rende possibile il suo sacrificio redentore *per tutti.*

«*Sua sanctissima passione in ligno crucis nobis iustificationem meruit* - Con la sua santissima passione sul legno della croce ci meritò la giustificazione», insegna il Concilio di Trento[502] sottolineando il carattere unico del sacrificio di Cristo come causa di salvezza eterna[503]. E la Chiesa venera la croce cantando: «*O crux, ave, spes unica!* - Ave, o croce, unica speranza!»[504].

---

488 Cfr. *Es 24,8.*
489 Cfr. *Es 24,8*; Cfr. *Mt 26,28*; CCC 613.
490 Cfr. *Eb 10,10.*
491 Cfr. *1 Gv 4,10.*
492 Cfr. *Gv 15,13.*
493 Cfr. *Gv 10,17-18.*
494 Cfr. *Eb 9,14.*
495 CCC 614.
496 *Rm 5,19.*
497 Cfr. CONCILIO DI TRENTO, Sessione VI, *Decretum de iustificatione*, c. 7: DS 1529.
498 CCC 615.
499 Cfr. *Gv 13,1.*
500 Cfr. *Gal 2,20*; *Ef 5,2.25.*
501 2 Cor *5,14.*
502 CONCILIO DI TRENTO, Sessione VI, *Decretum de iustificatione*, c. 1: DS 1529.
503 Cfr. *Eb 5, 9.*
504 Aggiunta liturgica all'inno *«Vexilla Regis»*: LITURGIA DELLE ORE, II, 366; IV, 1284, Città del Vaticano 1981; CCC 617. Si veda: V. M. MAJURI, *"Nel mezzo del cammin de la mia vita...". Percorsi di riflessione nel 750° anniversario della nascita di Dante Alighieri*, Roma 2015, 209.

4.3.9 La nostra partecipazione al sacrificio di Cristo

La croce è l'unico sacrificio di Cristo che è il solo mediatore tra Dio e gli uomini[505]. Ma poiché nella sua Persona divina incarnata «si è unito in certo modo ad ogni uomo»[506], Egli offre «a tutti la possibilità di venire in contatto, nel modo che Dio conosce, con il mistero pasquale»[507], Egli chiama i suoi discepoli a prendere la loro croce e a seguirlo[508], poiché patì per noi, lasciandoci un esempio, perché ne seguiamo le orme[509]. Infatti Egli vuole associare al suo sacrificio redentore quelli stessi che ne sono i primi beneficiari[510]. Ciò si compie in maniera eminente per sua Madre, associata più intimamente di qualsiasi altro al mistero della sua sofferenza redentrice[511]. «Al di fuori della croce non vi è altra scala per salire al cielo»[512].

4.4 Gesù Cristo fu sepolto

«Per la grazia di Dio, egli ha provato «la morte a vantaggio di tutti»[513]. Nel suo disegno di salvezza, Dio ha disposto che il Figlio suo non solamente morisse «per i nostri peccati»[514] ma anche «provasse la morte», ossia conoscesse lo stato di morte, lo stato di separazione tra la sua anima e il suo corpo per il tempo compreso tra il momento in cui egli è spirato sulla croce e il momento in cui è risuscitato. Questo stato di Cristo morto è il mistero del sepolcro e della discesa agli inferi. È il mistero del Sabato Santo in cui Cristo deposto nel sepolcro[515] manifesta il grande riposo sabbatico di Dio[516] dopo il compimento[517] della salvezza degli uomini che mette in pace l'universo intero[518].

4.4.1 Cristo nel sepolcro con il suo corpo

La permanenza di Cristo nella tomba costituisce il legame reale tra lo stato di passibilità di Cristo prima della Pasqua e il suo stato attuale glorioso di risorto[519]. È la medesima persona del «Vivente» che può dire: *«Io ero morto, ma ora vivo per sempre»*[520]. Scrive san Gregorio Nisseno:

> Ed è questo il mistero del disegno di Dio circa la morte e la risurrezione dai morti: se pure non ha impedito che con la morte l'anima fosse separata dal corpo secondo l'ordine necessario della natura, li ha riuniti di nuovo insieme mediante la risurrezione, in modo che egli stesso divenisse punto d'incontro della morte e della vita, arrestando in se stesso la disgregazione della natura causata dalla morte e insieme divenendo lui stesso principio di riunificazione degli elementi separati»[521].

E san Giovanni Damasceno:

---

505 Cfr. *1 Tm 2,5.*
506 CONCILIO ECUMENICO VATICANO II, GS, 22: AAS 58 (1966) 1042.
507 *Ibidem.*
508 Cfr. *Mt 16,24.*
509 Cfr. *1 Pt 2,21.*
510 Cfr. *Mc 10,39*; *Gv 21,18-19*; *Col 1,24*; Cfr. *Lc 2,35.*
511 Cfr. *Lc 2,35.*
512 ROSA DA LIMA: P. Hansen, *Vita mirabilis* [...], Roma 1664, 137.
513 *Eb 2,9.*
514 *2 Cor* 15,3.
515 Cfr. *Gv 19,42.*
516 Cfr. *Eb 4,4-9.*
517 Cfr. *Gv 19,30.*
518 Cfr. *Col 1,18-20*; CCC 624.
519 CCC 625.
520 *Ap 1,18.*
521 GREGORIO DI NISSA, *Oratio catechetica*, 16, 9: PG 45, 52.

«La Persona unica non si è trovata divisa in due persone dal fatto che alla morte di Cristo l'anima è stata separata dalla carne; poiché il corpo e l'anima di Cristo sono esistiti al medesimo titolo fin da principio nella Persona del Verbo; e nella morte, sebbene separati l'uno dall'altra, sono restati ciascuno con la medesima ed unica Persona del Verbo»[522].

4.4.2 «Non lascerai che il tuo Santo veda la corruzione»

La morte di Cristo è stata una vera morte in quanto ha messo fine alla sua esistenza umana terrena[523]. Ma a causa dell'unione che la persona del Figlio ha mantenuto con il suo corpo, non si è trattato di uno spogliamento mortale come gli altri, perché *«non era possibile che la morte lo tenesse in suo potere»*[524] e perciò «la virtù divina ha preservato il corpo di Cristo dalla corruzione»[525]. Di Cristo si può dire contemporaneamente *«Fu eliminato dalla terra dei viventi»*[526] e *«Il mio corpo riposa al sicuro, perché non abbandonerai la mia vita nel sepolcro, né lascerai che il tuo Santo veda la corruzione»*[527]. La risurrezione di Gesù «il terzo giorno»[528] ne era il segno, anche perché si credeva che la corruzione si manifestasse a partire dal quarto giorno[529].

4.4.3 «Sepolti in Cristo ...»

Il Battesimo, il cui segno originale e plenario è l'immersione, significa efficacemente la discesa nella tomba del cristiano che muore al peccato con Cristo in vista di una vita nuova: *«Per mezzo del Battesimo siamo dunque stati sepolti insieme a lui nella morte, perché come Cristo fu risuscitato dai morti per mezzo della gloria del Padre, così anche noi possiamo camminare in una vita nuova»*[530].

4.5 Gesù Cristo «discese agli inferi, il terzo giorno risuscitò da morte»

Gesù *«era disceso nelle regioni inferiori della terra. Colui che discese è lo stesso che anche ascese»*[531]. Il Simbolo degli Apostoli professa in uno stesso articolo di fede la discesa di Cristo agli inferi e la sua risurrezione dai morti il terzo giorno, perché nella sua Pasqua Egli dall'abisso della morte ha fatto scaturire la vita[532]: «Cristo, tuo Figlio, che, risuscitato dai morti, fa risplendere sugli uomini la sua luce serena, e vive e regna nei secoli dei secoli. Amen»[533].

Le frequenti affermazioni del Nuovo Testamento secondo le quali Gesù «è risuscitato dai morti»[534] presuppongono che, preliminarmente alla risurrezione, Egli abbia dimorato nel soggiorno dei morti[535]. È il senso primo che la predicazione apostolica ha dato alla discesa di Gesù agli inferi: Gesù ha conosciuto la morte come tutti gli uomini e li ha raggiunti con la sua anima nella dimora dei morti. Ma Egli vi è disceso come Salvatore, proclamando la Buona Novella agli spiriti che vi si

---

[522] GIOVANNI DAMASCENO, *Expositio fidei*, 71 [*De fide orthodoxa*, 3, 27]: PG 94,1098.
[523] CCC 627.
[524] *At 2, 24.*
[525] TOMMASO D AQUINO, *Summa Theologiae*, III, q. 51, a. 3, ad 2.
[526] *Is 53,8.*
[527] *At 2,26-27*; Cfr. *Sal 16,9-10.*
[528] *1 Cor 15,4*; *Lc 24,46*; Cfr. *Mt 12,40*; *Gv 2,1*; *Os 6,2.*
[529] Cfr. *Gv 11,39.*'
[530] *Rm 6,4*; Cfr. *Col 2,12*; *Ef 5,26*; CCC 628.
[531] *Ef 4,10.*
[532] CCC 631.
[533] MESSALE ROMANO, Veglia pasquale, *Preconio pasquale* («*Exsultet*»).
[534] *1 Cor 15,20*; Cfr. *At 3,15*; *Rm 8,11.*
[535] CCC 632.

trovavano prigionieri[536]. La Buona Novella è stata annunciata anche ai morti... [537].

La discesa agli inferi è il pieno compimento dell'annunzio evangelico della salvezza. E la fase ultima della missione messianica di Gesù fase condensata nel tempo ma immensamente ampia nel suo reale significato di estensione dell'opera redentrice a tutti gli uomini di tutti i tempi e di tutti i luoghi, perché tutti coloro i quali sono salvati sono stati resi partecipi della redenzione:

> «Oggi sulla terra c'è grande silenzio, grande silenzio e solitudine. Grande silenzio perché il Re dorme: la terra è rimasta sbigottita e tace perché il Dio fatto carne si è addormentato ed ha svegliato coloro che da secoli dormivano. [...] Egli va a cercare il primo padre, come la pecora smarrita. Egli vuole scendere a visitare quelli che siedono nelle tenebre e nell'ombra di morte. Dio e il Figlio suo vanno a liberare dalle sofferenze Adamo ed Eva, che si trovano in prigione. [...] Io sono il tuo Dio, che per te sono diventato tuo figlio. [...] Svegliati, tu che dormi! Infatti, non ti ho creato perché rimanessi prigioniero nell'inferno. Risorgi dai morti. Io sono la Vita dei morti»[538].

4.6 Il terzo giorno risuscitò da morte

«Noi vi annunziamo la Buona Novella che la promessa fatta ai padri si è compiuta, poiché Dio l'ha attuata per noi, loro figli, risuscitando Gesù»[539]. La risurrezione di Gesù è la verità culminante della nostra fede in Cristo, creduta e vissuta come verità centrale dalla prima comunità cristiana, trasmessa come fondamentale dalla Tradizione, stabilita dai documenti del Nuovo Testamento, predicata come parte essenziale del mistero pasquale insieme con la croce[540]: «Cristo è risuscitato dai morti. Con la sua morte ha vinto la morte, ai morti, ha dato la vita[541].

4.6.1 L'avvenimento storico e trascendente

Il mistero della risurrezione di Cristo è un avvenimento reale che ha avuto manifestazioni storicamente constatate, come attesta il Nuovo Testamento. Già verso l'anno 56 san Paolo può scrivere ai cristiani di Corinto: *«Vi ho trasmesso dunque, anzitutto, quello che anch'io ho ricevuto: che cioè Cristo morì per i nostri peccati secondo le Scritture, fu sepolto ed è risuscitato il terzo giorno secondo le Scritture, e che apparve a Cefa e quindi ai Dodici»*[542]. L'Apostolo parla qui della *tradizione viva della risurrezione* che egli aveva appreso dopo la sua conversione alle porte di Damasco[543].

4.6.1.1 Il sepolcro vuoto

«Perché cercate tra i morti colui che è vivo? Non è qui, è risuscitato»[544]. Nel quadro degli avvenimenti di Pasqua, il primo elemento che si incontra è il sepolcro vuoto. Non è in sé una prova diretta. L'assenza del corpo di Cristo nella tomba potrebbe spiegarsi altrimenti[545]. Malgrado ciò, il sepolcro vuoto ha costituito per tutti un segno essenziale. La sua scoperta da parte dei discepoli è stato il primo passo verso il riconoscimento dell'evento della risurrezione. Dapprima è il caso delle

---

[536] Cfr. *1 Pt 3,18-19.*
[537] *1 Pt 4,6.*
[538] Antica omelia sul santo e grande Sabato: PG 43,440. 452. 461.
[539] *At 13,32-33.*
[540] CCC 538.
[541] LITURGIA BIZANTINA, *Tropario di Pasqua.*
[542] *1 Cor 15,3-4.*
[543] Cfr. *At 9,3-18.*
[544] *Lc 24,5-6.*
[545] Cfr. *Gv 20,13*; *Mt 28,11-15.*

pie donne[546], poi di Pietro[547]. Il discepolo «che Gesù amava»[548] afferma che, entrando nella tomba vuota e scorgendo «le bende per terra»[549], vide e credette[550]. Ciò suppone che egli abbia constatato, dallo stato in cui si trovava il sepolcro vuoto[551], che l'assenza del corpo di Gesù non poteva essere opera umana e che Gesù non era semplicemente ritornato ad una vita terrena come era avvenuto per Lazzaro[552].

4.6.1.2 L'apparizione del Risorto

Maria di Magdala e le altre donne mirofore che andavano a completare l'imbalsamazione del corpo di Gesù[553], sepolto in fretta la sera del Venerdì Santo a causa del sopraggiungere del Sabato[554], sono state le prime ad incontrare il Risorto[555]. Le donne furono così le prime messaggere della risurrezione di Cristo per gli stessi Apostoli[556], tanto che papa Francesco ha definito santa Maria Maddalena «apostola degli apostoli»[557]. A loro Gesù appare in seguito: prima a Pietro, poi ai Dodici[558]. Pietro, chiamato a confermare la fede dei suoi fratelli[559], vede dunque il Risorto prima di loro ed è sulla sua testimonianza che la comunità esclama: «*Davvero il Signore è risorto ed è apparso a Simone*»[560].

Tutto ciò che è accaduto in quelle giornate pasquali impegna ciascuno degli Apostoli e Pietro, in modo del tutto particolare, nella costruzione dell'era nuova che ha inizio con il mattino di Pasqua. Come testimoni del Risorto essi rimangono le pietre di fondazione della sua Chiesa.

La fede della prima comunità dei credenti è fondata sulla testimonianza di uomini concreti, conosciuti dai cristiani e, nella maggior parte, ancora vivi in mezzo a loro. Questi «testimoni della risurrezione di Cristo»[561] sono prima di tutto Pietro e i Dodici, ma non solamente loro: Paolo parla chiaramente di più di cinquecento persone alle quali Gesù è apparso in una sola volta, oltre che a Giacomo e a tutti gli Apostoli[562].

4.6.1.3 Lo stato dell'umanità di Cristo risuscitata

Gesù risorto stabilisce con i suoi discepoli rapporti diretti, attraverso il contatto[563] e la condivisione del pasto[564]. Li invita a riconoscere da ciò che Egli non è un fantasma[565], ma

---

546 Cfr. *Lc 24,3.22-23.*

547 Cfr. *Lc 24,12.*

548 *Gv 20,2.*

549 *Gv 20,6.*

550 Cfr. *Gv 20,8.*

551 Cfr. *Gv 20,5-7.*

552 Cfr. *Gv 11,44.*

553 Cfr. *Mc 16,1*; Lc *24,1.*

554 Cfr. *Gv 19,31.42.*

555 Cfr. *Mt 28,9-10*; *Gv 20,11-18.*

556 Cfr. *Lc 24,9-10.*

557 Papa Francesco restituisce dignità alla Santa, la memoria della quale si celebra per espressa volontà del Pontefice (03.06.2016) con il grado liturgico di festa il 22 luglio, inserendosi in una tradizione patristica e teologica che in tal modo l'aveva considerata fin dai tempi di Ippolito Romano (II secolo), per entrare nell'età di mezzo con Beda il Venerabile (VII secolo) e trovare espressione nel pensiero di san Tommaso d'Aquino: «[*Maria Magdalenae*] *facta est* apostolorum apostola, *per hoc quod ei committitur ut resurrectionem dominicam discipulis annuntiet: ut sicut mulier viro primo nuntiavit verba mortis, ita et mulier primo nuntiaret verba vitae*» (*Commento al Vangelo di san Giovanni*, cap. XX, lect. 3).

558 Cfr. *1 Cor 15,5.*

559 Cfr. *Lc 22,31-32.*

560 *Lc 24,34.*

561 Cfr. *At 1,22.*

562 Cfr. *1 Cor 15,4-8*; CCC 642.

563 Cfr. *Lc 24,39*; *Gv 20,27.*

564 Cfr. *Lc 24,30.41-43*; Gv *21,9.13-15.*

565 Cfr. *Lc 24,39.*

soprattutto a constatare che il corpo risuscitato con il quale si presenta a loro è il medesimo che è stato martoriato e crocifisso, poiché porta ancora i segni della passione[566]. Questo corpo autentico e reale possiede però al tempo stesso le proprietà nuove di un corpo glorioso; esso non è più situato nello spazio e nel tempo, ma può rendersi presente a suo modo dove e quando vuole[567], poiché la sua umanità non può più essere trattenuta sulla terra e ormai non appartiene che al dominio divino del Padre[568]. Anche per questa ragione Gesù risorto è sovranamente libero di apparire come vuole: sotto l'aspetto di un giardiniere[569] o «sotto altro aspetto»[570], diverso da quello che era familiare ai discepoli, e ciò per suscitare la loro fede[571].

La risurrezione di Cristo non fu un ritorno alla vita terrena, come lo fu per le risurrezioni che egli aveva compiute prima della Pasqua: quelle della figlia di Giairo, del giovane di Naim, di Lazzaro. Questi fatti erano avvenimenti, miracolosi, ma le persone miracolate ritrovavano, per il potere di Gesù, una vita terrena «ordinaria». Ad un certo momento esse sarebbero morte di nuovo. La risurrezione di Cristo è essenzialmente diversa. Nel suo corpo risuscitato Egli passa dallo stato di morte ad un'altra vita al di là del tempo e dello spazio. Il corpo di Gesù è, nella risurrezione, colmato della potenza dello Spirito Santo; partecipa alla vita divina nello stato della sua gloria, sì che san Paolo può dire di Cristo che egli è l'uomo celeste[572].

4.6.1.4 La Risurrezione come evento trascendente

«O notte beata - canta la Chiesa nell'«Exultet» di Pasqua, tu solo hai meritato di conoscere il tempo e l'ora in cui Cristo è risorto dagli inferi»[573]. Infatti, nessuno è stato testimone oculare dell'avvenimento stesso della risurrezione e nessun Evangelista lo descrive. Nessuno ha potuto dire come essa sia avvenuta fisicamente. Ancor meno fu percettibile ai sensi la sua essenza più intima, il passaggio ad un'altra vita. Avvenimento storico constatabile attraverso il segno del sepolcro vuoto e la realtà degli incontri degli Apostoli con Cristo risorto, la risurrezione resta non di meno, in ciò in cui trascende e supera la storia, nel cuore del mistero della fede. Per questo motivo Cristo risorto non si manifesta al mondo, ma ai suoi discepoli[574], «*a quelli che erano saliti con lui dalla Galilea a Gerusalemme*», i quali «*ora sono i suoi testimoni davanti al popolo*»[575].

4.6.2 La Risurrezione: opera della Santissima Trinità

La risurrezione di Cristo è oggetto di fede in quanto è un intervento trascendente di Dio stesso nella creazione e nella storia[576]. In essa, le tre Persone divine agiscono insieme e al tempo stesso manifestano la loro propria originalità. Essa si è compiuta per la potenza del Padre che «ha risuscitato»[577] Cristo, suo Figlio, e in questo modo ha introdotto in maniera perfetta la sua umanità con il suo corpo nella Trinità. Gesù viene definitivamente «*costituito Figlio di Dio con potenza secondo lo Spirito di santificazione mediante la risurrezione dai morti*»[578]. San Paolo insiste sulla manifestazione della potenza di Dio[579] per opera dello Spirito che ha vivificato l'umanità morta di

---

[566] Cfr. *Lc 24,40*; *Gv 20,20.27.*
[567] Cfr. *Mt* 28,9.16-17; *Lc 24,15.36*; *Gv 20,14.19.26*; *21,4.*
[568] Cfr. *Gv 20,17.*
[569] Cfr. *Gv 20,14-15.*
[570] *Mc 16,12.*
[571] Cfr *Gv 20,14.16*; *21,4.7.*
[572] Cfr. *1 Cor 15,35-50.*
[573] MESSALE ROMANO, Veglia pasquale, *Preconio pasquale («Exsultet»).*
[574] Cfr. *Gv 14,22.*
[575] *At 13,31*; CCC 647.
[576] CCC 648.
[577] *At 2,24.*
[578] *Rm 1,4.*
[579] Cfr. *Rm 6,4*; 2 Cor *13,4*; *Fil 3,10*; *Ef 1,19-22*; *Eb 7,16.*

Gesù e l'ha chiamata allo stato glorioso di Signore.

Quanto al Figlio, Egli opera la sua propria risurrezione in virtù della sua potenza divina[580]. Gesù annunzia che il Figlio dell'uomo dovrà molto soffrire, morire ed in seguito risuscitare (senso attivo della parola)[581]. Altrove afferma esplicitamente: «*Io offro la mia vita, per poi riprenderla... ho il potere di offrirla e il potere di riprenderla*»[582]. «*Noi crediamo... che Gesù è morto e risuscitato*»[583].

I Padri contemplano la risurrezione a partire dalla Persona divina di Cristo che è rimasta unita alla sua anima e al suo corpo separati tra loro dalla morte: «Per l'unità della natura divina che permane presente in ciascuna delle due parti dell'uomo, queste si riuniscono di nuovo. Così la morte si è prodotta per la separazione del composto umano e la risurrezione per l'unione delle due parti separate»[584].

4.6.3 Senso e portata salvifica della Risurrezione

«*Se Cristo non è risuscitato, allora è vana la nostra predicazione e vana anche la vostra fede*» (*1 Cor* 15,14). La risurrezione costituisce anzitutto la conferma di tutto ciò che Cristo stesso ha fatto e insegnato. Tutte le verità, anche le più inaccessibili allo spirito umano, trovano la loro giustificazione se, risorgendo, Cristo ha dato la prova definitiva, che aveva promesso, della sua autorità divina[585].

La risurrezione di Cristo è «compimento delle promesse» dell'Antico Testamento[586] e di Gesù stesso durante la sua vita terrena[587]. L'espressione «secondo le Scritture»[588] indica che la risurrezione di Cristo realizzò queste predizioni[589].

La verità della divinità di Gesù è confermata dalla sua risurrezione[590]. Egli aveva detto: «*Quando avrete innalzato il Figlio dell'uomo, allora saprete che Io Sono*» [591]. La risurrezione del Crocifisso dimostrò che Egli era veramente «*Io Sono*», il Figlio di Dio e Dio egli stesso. San Paolo ha potuto dichiarare ai Giudei: «*La promessa fatta ai nostri padri si è compiuta, poiché Dio l'ha attuata per noi, loro figli, risuscitando Gesù, come anche sta scritto nel salmo secondo: Mio Figlio sei tu, oggi ti ho generato*»[592]. La risurrezione di Cristo è strettamente legata al mistero dell'Incarnazione del Figlio di Dio. Ne è il compimento secondo il disegno eterno di Dio.

Vi è un duplice aspetto nel mistero pasquale: con la sua morte Cristo ci libera dal peccato, con la sua risurrezione ci dà accesso ad una nuova vita[593]. Questa è dapprima la giustificazione che ci immette nuovamente nella grazia di Dio[594] «*perché, come Cristo fu risuscitato dai morti per mezzo della gloria del Padre, così anche noi possiamo camminare in una vita nuova*»[595]. Essa consiste

---

580 CCC 649.

581 Cfr. *Mc 8,31*; *9,9.31*; *10,34*.

582 *Gv 10,17-18*.

583 *1* Ts *4,14*.

584 GREGORIO DI NISSA, *De tridui inter mortem et resurrectionem Domini nostri Iesu Christi spatio*: GREGORII NYSSENI OPERA, W. JAEGER - H. LANGERBEDK (ed.), vol. 9, Leiden 1967, 293-294: PG 46, 417. Cfr. anche *Statuta Ecclesiae Antiqua*: DS 325; ANASTASIO II, *Lettera In prolixitate epistulae*: DS 359; SANT'ORMISDA, *Lettera Inter ea quae*: DS 369; CONCILIO DI TOLEDO XI, *Simbolo*: DS 539; CCC 650.

585 CCC 651.

586 Cfr. *Lc 24,26-27.44-48*.

587 Cfr. *Mt 28,6*; *Mc 16,7*; *Lc 24,6-7*.

588 Cfr. *1 Cor 15,3-4*; *Simbolo niceno-costantinopolitano*: DS 150.

589 CCC 652.

590 CCC 653.

591 *Gv 8,28*.

592 *At 13,32-33*; Cf *Sal 2,7*.

593 CCC 654.

594 Cfr. *Rm 4,25*.

595 *Rm 6,4*.

nella vittoria sulla morte e sul peccato e nella nuova partecipazione alla grazia[596]. Essa compie l'«adozione filiale» poiché gli uomini diventano fratelli di Cristo, come Gesù stesso chiama i suoi discepoli dopo la sua risurrezione: «*Andate ad annunziare ai miei fratelli*»[597]. Fratelli non per natura, ma per dono della grazia, perché questa filiazione adottiva procura una reale partecipazione alla vita del Figlio unico, la quale si è pienamente rivelata nella sua risurrezione.

Infine, la risurrezione di Cristo – e lo stesso Cristo risorto – è principio e sorgente della nostra risurrezione futura[598]: «*Cristo è risuscitato dai morti, primizia di coloro che sono morti* [...]*; e come tutti muoiono in Adamo, così tutti riceveranno la vita in Cristo*»[599]. Nell'attesa di questo compimento, Cristo risuscitato vive nel cuore dei suoi fedeli. In Lui i cristiani gustano «*le meraviglie del mondo futuro*»[600] e la loro vita è trasportata da Cristo nel seno della vita divina[601]: «*Egli è morto per tutti, perché quelli che vivono non vivano più per se stessi, ma per Colui che è morto e risuscitato per loro*»[602].

4.7. Gesù «salì al cielo, siede alla destra di Dio Padre Onnipotente»

«*Il Signore Gesù, dopo aver parlato con loro, fu assunto in cielo e sedette alla destra di Dio*»[603]. Il corpo di Cristo è stato glorificato fin dall'istante della sua risurrezione, come lo provano le proprietà nuove e soprannaturali di cui ormai gode in permanenza[604]. Ma durante i quaranta giorni nei quali Egli mangia e beve familiarmente con i suoi discepoli[605] e li istruisce sul Regno[606], la sua gloria resta ancora velata sotto i tratti di una umanità ordinaria[607]. L'ultima apparizione di Gesù termina con l'entrata irreversibile della sua umanità nella gloria divina simbolizzata dalla nube[608] e dal cielo[609] ove Egli siede ormai alla destra di Dio[610]. In un modo del tutto eccezionale ed unico Egli si mostrerà a Paolo «*come a un aborto*»[611] in un'ultima apparizione che costituirà Apostolo Paolo stesso[612].

Il carattere velato della gloria del Risorto durante questo tempo traspare nelle sue misteriose parole a Maria Maddalena: «*Non sono ancora salito al Padre: ma va' dai miei fratelli e di' loro: Io salgo al Padre mio e Padre vostro, Dio mio e Dio vostro*»[613]. Questo indica una differenza di manifestazione tra la gloria di Cristo risorto e quella di Cristo esaltato alla destra del Padre. L'avvenimento ad un tempo storico e trascendente dell'ascensione segna il passaggio dall'una all'altra[614].

Quest'ultima tappa rimane strettamente unita alla prima, cioè alla discesa dal cielo realizzata nell'Incarnazione[615]. Solo Colui che è «uscito dal Padre» può far ritorno al Padre: Cristo[616].

---

596 Cfr. *Ef 2,4-5*; *1 Pt 1,3*.
597 *Mt 28,10*; Cfr. *Gv 20,17*.
598 CCC 655.
599 *1 Cor 15*,20-22.
600 *Eb 6,5*.
601 Cfr. *Col 3,1-3*.
602 *2 Cor 5,15*.
603 *Mc 16,19*.
604 Cfr. *Lc 24,31*; *Gv 20,19.26*.
605 Cfr. *At 10,41*.
606 Cfr. *At 1,3*.
607 Cfr. *Mc 16,12*; *Lc 24,15*; *Gv 20,14-15*; *21,4*.
608 Cfr. *At 1,9*; anche *Lc 9,34-35*; *Es 13,22*.
609 Cfr. *Lc 24,51*.
610 Cfr. *Mc 16,19*; *At 2,33*; *7,56*; anche *Sal 110,1*.
611 *1 Cor 15,8*.
612 Cfr. *1 Cor* 9,1; *Gal 1,16*; CCC 659.
613 *Gv 20,17*.
614 CCC 660.
615 CCC 661.
616 Cfr. *Gv 16,28*.

«Nessuno è mai salito al cielo fuorché il Figlio dell'uomo che è disceso dal cielo»[617]. Lasciata alle sue forze naturali, l'umanità non ha accesso alla «casa del Padre»,[618] alla vita e alla felicità di Dio: soltanto Cristo ha potuto aprire all'uomo questo accesso *«per darci la serena fiducia che dove è lui, Capo e Primogenito, saremo anche noi, sue membra, uniti nella stessa gloria»*[619].

«Io quando sarò innalzato da terra, attirerò tutti a me»[620]. L'elevazione sulla croce significa e annunzia l'elevazione dell'ascensione al cielo[621]. Essa ne è l'inizio. Gesù Cristo, l'unico Sacerdote della nuova ed eterna Alleanza, *«non è entrato in un santuario fatto da mani d'uomo* [...], *ma nel cielo stesso, per comparire ora al cospetto di Dio in nostro favore»*[622]. In cielo Cristo esercita il suo sacerdozio in permanenza, *«essendo Egli sempre vivo per intercedere»* a favore di *«quelli che per mezzo di lui si accostano a Dio»*[623]. Come *«sommo Sacerdote dei beni futuri»*[624], Egli è il centro e l'attore principale della liturgia che onora il Padre nei cieli[625].

Cristo, ormai, *siede alla destra del Padre*: «Per destra del Padre intendiamo la gloria e l'onore della divinità, ove Colui che esisteva come Figlio di Dio prima di tutti i secoli, come Dio e consostanziale al Padre, s'è assiso corporalmente dopo che si è incarnato e la sua carne è stata glorificata»[626].

L'essere assiso alla destra del Padre significa l'inaugurazione del regno del Messia, compimento della visione del profeta Daniele riguardante il Figlio dell'uomo[627]: «[Il Vegliardo] *gli diede potere, gloria e regno; tutti i popoli, nazioni e lingue lo servivano; il suo potere è un potere eterno che non tramonta mai e il suo regno è tale che non sarà mai distrutto»*[628]. A partire da questo momento, gli Apostoli sono divenuti i testimoni del «regno che non avrà fine»[629].

4.8 «Di là verrà a giudicare i vivi e i morti»

Egli ritornerà nella gloria.

4.8.1 Cristo regna attraverso la Chiesa . . .

«Per questo Cristo è morto e ritornato alla vita: per essere il Signore dei morti e dei vivi»[630]. L'ascensione di Cristo al cielo significa la sua partecipazione, nella sua umanità, alla potenza e all'autorità di Dio stesso[631]. Gesù Cristo è Signore: Egli detiene tutto il potere nei cieli e sulla terra. Egli è *«al di sopra di ogni principato e autorità, di ogni potenza e dominazione»* perché il Padre *«tutto ha sottomesso ai suoi piedi»*[632]. Cristo è il Signore del cosmo[633] e della storia. In Lui la storia dell'uomo come pure tutta la creazione trovano la loro «ricapitolazione»,[634] il loro compimento trascendente.

---

617 *Gv 3,13*; Cf *Ef 4,8-10.*
618 Cfr. *Gv 14,2.*
619 MESSALE ROMANO, *Prefazio dell'Ascensione del Signore*, I.
620 *Gv 12,32.*
621 CCC 662.
622 *Eb 9*,24.
623 *Eb 7,25.*
624 *Eb 9,11.*
625 Cfr. *Ap 4,6-11.*
626 GIOVANNI DAMASCENO, *Expositio fidei,* 75 [*De fide orthodoxa*, 4, 2]: PG 94,1104; CCC 663.
627 CCC 664.
628 *Dn 7,14.*
629 Cfr. *Simbolo niceno-costantinopolitano*: DS 150.
630 *Rm 14,9.*
631 CCC 668.
632 *Ef 1,21-22.*
633 Cfr. *Ef 4,10*; *1* Cor *15,24.27-28.*
634 Cfr. *Ef 1,10.*

Come Signore, Cristo è anche il Capo della Chiesa che è il suo Corpo[635]. Elevato al cielo e glorificato, avendo così compiuto pienamente la sua missione, Egli permane sulla terra, nella sua Chiesa. La redenzione è la sorgente dell'autorità che Cristo, in virtù dello Spirito Santo, esercita sulla Chiesa[636], la quale è «il regno di Cristo già presente in mistero»[637]. La Chiesa «di questo regno costituisce in terra il germe e l'inizio»[638].

Dopo l'ascensione, il disegno di Dio è entrato nel suo compimento[639]. Noi siamo già nell'«ultima ora»[640]. «Già dunque è arrivata a noi l'ultima fase dei tempi e la rinnovazione del mondo è stata irrevocabilmente fissata e in un certo modo è realmente anticipata in questo mondo; difatti la Chiesa già sulla terra è adornata di una santità vera, anche se imperfetta»[641]. Il regno di Cristo manifesta già la sua presenza attraverso i segni miracolosi[642] che ne accompagnano l'annunzio da parte della Chiesa.[643]

4.8.2 ...nell'attesa che tutto sia a Lui sottomesso

Già presente nella sua Chiesa, il regno di Cristo non è tuttavia ancora compiuto *«con potenza e gloria grande»*[644] mediante la venuta del Re sulla terra[645]. Questo regno è ancora insidiato dalle potenze inique[646], anche se esse sono già state vinte radicalmente dalla Pasqua di Cristo. Fino al momento in cui tutto sarà a lui sottomesso[647],

> «fino a che non vi saranno i nuovi cieli e la terra nuova, nei quali la giustizia ha la sua dimora, la Chiesa pellegrinante, nei suoi sacramenti e nelle sue istituzioni, che appartengono all'età presente, porta la figura fugace di questo mondo, e vive tra le creature, le quali sono in gemito e nel travaglio del parto sino ad ora e attendono la manifestazione dei figli di Dio»[648].

Per questa ragione i cristiani pregano, soprattutto nell'Eucaristia[649], per affrettare il ritorno di Cristo[650] dicendogli: «Vieni, Signore»[651].

Prima dell'ascensione Cristo ha affermato che non era ancora giunto il momento del costituirsi glorioso del regno messianico atteso da Israele[652], regno che doveva portare a tutti gli uomini, secondo i profeti[653], l'ordine definitivo della giustizia, dell'amore e della pace[654]. Il tempo presente è, secondo il Signore, il tempo dello Spirito e della testimonianza[655], ma anche un tempo ancora segnato dalla necessità[656] e dalla prova del male[657], che non risparmia la Chiesa[658] e inaugura

---

635 Cfr. *Ef 1,10.*
636 Cfr. *Ef* 4,11-13.
637 CONCILIO ECUMENICO VATICANO II, LG, 8.
638 IDEM, 5; CCC 669.
639 CCC 670.
640 1 *Gv 2,18*; Cf *1 Pt 4,7.*
641 CONCILIO ECUMENICO VATICANO II, LG, 48.
642 Cfr. *Mc 16,17-18.*
643 Cfr. *Mc* 16,20.
644 *Lc 21,27*; Cf *Mt 25,31.*
645 CCC 671.
646 Cfr. *2 Ts 2,7.*
647 Cfr. *1 Cor 15,28.*
648 CONCILIO ECUMENICO VATICANO II, LG, 48.
649 *1 Cor 11,26.*
650 Cfr. *2 Pt 3,11-12.*
651 *Ap 22,20*; Cfr. *1 Cor 16,22*; *Ap 22,17.*
652 Cfr *At 1,6-7.*
653 Cfr. *Is 11,1-9.*
654 CCC 672.
655 Cfr. *At 1,8.*
656 Cfr. *1 Cor 7,26.*

i combattimenti degli ultimi tempi[659]. È un tempo di attesa e di vigilanza[660].

4.8.3 La venuta gloriosa di Cristo, speranza di Israele

Dopo l'ascensione, la venuta di Cristo nella gloria è imminente[661] anche se non spetta a noi «*conoscere i tempi e i momenti che il Padre ha riservato alla sua scelta*»[662]. Questa venuta escatologica può compiersi in qualsiasi momento[663] anche se essa e la prova finale che la precederà sono «impedite»[664].

La venuta del Messia glorioso è sospesa in ogni momento della storia[665] al riconoscimento di Lui da parte di «tutto Israele»[666] a causa dell'indurimento di una parte[667] nella «mancanza di fede»[668] verso Gesù[669]. San Pietro dice agli Ebrei di Gerusalemme dopo la Pentecoste:

> «*Pentitevi dunque e cambiate vita perché siano cancellati i vostri peccati e così possano giungere i tempi della consolazione da parte del Signore ed egli mandi quello che vi aveva destinato come Messia, cioè Gesù. Egli dev'essere accolto in cielo fino ai tempi della restaurazione di tutte le cose, come ha detto Dio fin dall'antichità, per bocca dei suoi santi profeti*»[670].

E san Paolo gli fa eco: «*Se infatti il loro rifiuto ha segnato la riconciliazione del mondo, quale potrà mai essere la loro riammissione se non una risurrezione dai morti?*»[671]. La partecipazione totale degli Ebrei[672] alla salvezza messianica a seguito della partecipazione totale dei pagani[673] permetterà al popolo di Dio di arrivare «alla piena maturità di Cristo[674] nella quale «*Dio sarà tutto in tutti*»[675].

4.8.4 L'ultima prova della Chiesa

Prima della venuta di Cristo, la Chiesa deve passare attraverso una prova finale che scuoterà la fede di molti credenti[676]. La persecuzione che accompagna il suo pellegrinaggio sulla terra[677] svelerà il «mistero di iniquità» sotto la forma di una impostura religiosa che offre agli uomini una soluzione apparente ai loro problemi, al prezzo dell'apostasia dalla verità. La massima impostura religiosa è quella dellAnti-Cristo, cioè di uno pseudo-messianismo in cui l'uomo glorifica se stesso al posto di Dio e del suo Messia venuto nella carne[678].

Questa impostura anti-cristica si delinea già nel mondo ogniqualvolta si pretende di realizzare

---

657 Cfr. *Ef 5,16*.
658 Cfr. *1 Pt 4,17*.
659 Cfr. *1 Gv 2,18*; *4,3*; *1 Tm 4,1*.
660 Cfr. *Mt 25,1-13*; *Mc 13,33-37*.
661 Cfr. *Ap* 22,20.
662 *At 1,7*; Cfr. *Mc 13,32*.
663 Cfr. *Mt 24,44*; *1 Ts 5,2*.
664 Cfr. *2 Ts 2,3-12*; CCC 673.
665 Cfr. *Rm 11,31*.
666 *Rm 11,26*; Cfr. *Mt 23,39*.
667 Cfr. *Rm 11,25*.
668 *Rm 11,20*.
669 CCC 674.
670 *At 3,19-21*.
671 *Rm 11,15*.
672 Cfr. *Rm 11,12*.
673 Cfr. *Rm 11,25*; *Lc 21,24*.
674 *Ef 4,13*.
675 *1 Cor 15,28*.
676 Cfr. *Lc 18,8*; *Mt 24,12*.
677 Cfr. *Lc 21,12*; *Gv 15,19-20*.
678 Cfr. *2 Ts 2,4-12*; *1 Ts 5,2-3*; *2 Gv 7*; *1 Gv 2,18.22*; CCC 675.

nella storia la speranza messianica che non può essere portata a compimento se non al di là di essa, attraverso il giudizio escatologico. Anche sotto la sua forma mitigata, la Chiesa ha rigettato questa falsificazione del regno futuro sotto il nome di millenarismo[679], soprattutto sotto la forma politica di un messianismo secolarizzato «intrinsecamente perverso»[680].

La Chiesa non entrerà nella gloria del Regno se non attraverso che quest'ultima Pasqua, nella quale seguirà il suo Signore nella sua morte e risurrezione[681]. Il Regno non si compirà dunque attraverso un trionfo storico della Chiesa[682] secondo un progresso ascendente, ma attraverso una vittoria di Dio sullo scatenarsi ultimo del male[683] che farà discendere dal cielo la sua Sposa[684]. Il trionfo di Dio sulla rivolta del male prenderà la forma dell'ultimo giudizio[685] dopo l'ultimo sommovimento cosmico di questo mondo che passa[686].

4.8.5 Per giudicare i vivi e i morti

In linea con i profeti[687] e con Giovanni Battista[688], Gesù ha annunziato nella sua predicazione il giudizio dell'ultimo giorno[689]. Allora saranno messi in luce la condotta di ciascuno[690] e il segreto dei cuori[691]. Allora verrà condannata l'incredulità colpevole che non ha tenuto in alcun conto la grazia offerta da Dio[692]. L'atteggiamento verso il prossimo rivelerà l'accoglienza o il rifiuto della grazia e dell'amore divino[693]. Gesù dirà nell'ultimo giorno: «*Ogni volta che avete fatto queste cose ad uno solo di questi miei fratelli più piccoli, l'avete fatto a me*»[694].

Cristo è Signore della vita eterna. Il pieno diritto di giudicare definitivamente le opere e i cuori degli uomini appartiene a Lui in quanto Redentore del mondo. Egli ha «acquisito» questo diritto con la sua croce. Anche il Padre «ha rimesso ogni giudizio al Figlio»[695]. Ora, il Figlio non è venuto per giudicare, ma per salvare[696] e per donare la vita che è in Lui[697]. E per il rifiuto della grazia nella vita presente che ognuno si giudica già da se stesso[698] riceve secondo le sue opere[699] e può anche condannarsi per l'eternità rifiutando lo Spirito d'amore[700].

---

679 Cfr. CONGREGAZIONE PER LA DOTTRINA DELLA FEDE, *Decretum de millenarismo*, 19.07.1944: DS 3839.
680 Cfr. PIO XI, *Divini Redemptoris*. Lettera enciclica, 19.03.1937: AAS 29 (1937) 65-106, che condanna «il falso misticismo» di questa «contraffazione della redenzione degli umili» (69); CONCILIO ECUMENICO VATICANO II, GS, 20-21; CCC 676.
681 Cfr. *Ap 19,1-9.*
682 Cfr. *Ap 13,8.*
683 Cfr. *Ap 20,7-10.*
684 Cfr. *Ap 21,2-4.*
685 Cfr. *Ap 20,12.*
686 Cfr. *2 Pt 3,12-13*; CCC 677.
687 Cfr. *Dn 7,10*; *Gl 3-4*; *Ml 3,19.*
688 Cfr *Mt 3,7-12.*
689 CCC 678.
690 Cfr. *Mc 12,38-40.*
691 Cfr. *Lc 12,1-3*; *Gv 3,20-21*; Rm *2,16*; *1 Cor 4,5.*
692 Cfr. *Mt 11,20-24*; *12,41-42.*
693 Cfr. *Mt 5,22*; *7,1-5.*
694 *Mt 25,40.*
695 *Gv 5,22*; Cfr. *Gv 5,27*; *Mt 25,31*; *At 10,42*; *17,31*; *2 Tm 4,1.*
696 Cfr. *Gv 3,17.*
697 Cfr. *Gv 5,26.*
698 Cfr. *Gv 3,18*; *12,48.*
699 Cfr. *1 Cor 3,12-15.*
700 Cfr. *Mt 12,32*; *Eb 6,4-6*; *10,26-31*; CCC 679.

CAPITOLO QUINTO

LO SPIRITO SANTO E LA SUA MISSIONE

(CCC 683 - 747)

Credo nello Spirito Santo
che è Signore e dà la vita,
e procede dal Padre e dal Figlio.
Con il Padre e il Figlio è adorato e glorificato,
e ha parlato per mezzo dei profeti.

Con un testo paolino[701]		
ὅτι δέ ἐστε υἱοί, ἐξαπέστειλεν ὁ θεὸς τὸ πνεῦμα τοῦ υἱοῦ αὐτοῦ εἰς τὰς καρδίας ἡμῶν, κρᾶζον· Αββα ὁ πατήρ. ὥστε οὐκέτι εἶ δοῦλος ἀλλὰ υἱός· εἰ δὲ υἱός, καὶ κληρονόμος διὰ θεοῦ.	Quoniam autem estis filii, misit Deus Spiritum Filii sui in corda vestra clamantem: Abba, Pater. Itaque iam non est servus sed filius. Quod si filius, et heres per Deum.	E che voi siete figli ne è prova il fatto che Dio ha mandato nei nostri cuori, lo Spirito del suo Figlio che grida: Abbà, Padre! Quindi non sei più schiavo, ma figlio; e se figlio, sei anche erede per volontà di Dio.

«Nessuno può dire: "Gesù è Signore!", se non sotto l'azione dello Spirito Santo»[702]. E *«Dio ha mandato nei nostri cuori lo Spirito del suo Figlio che grida: Abbà, Padre!»*[703].

Questa conoscenza di fede è possibile solo nello Spirito Santo. Per essere in contatto con Cristo, bisogna dapprima essere stati toccati dallo Spirito Santo. È Lui che ci precede e suscita in noi la fede. In forza del nostro Battesimo, primo sacramento della fede, la vita, che ha la sua sorgente nel Padre e ci è offerta nel Figlio, ci viene comunicata intimamente e personalmente dallo Spirito Santo nella Chiesa:

> Il Battesimo ci accorda la grazia della nuova nascita in Dio Padre per mezzo del Figlio suo nello Spirito Santo. Infatti coloro che hanno lo Spirito di Dio sono condotti al Verbo, ossia al Figlio; ma il Figlio li presenta al Padre e il Padre procura loro l'incorruttibilità. Dunque, senza lo Spirito, non è possibile vedere il Figlio di Dio e senza il Figlio, nessuno può avvicinarsi al Padre, perché la conoscenza del Padre è il Figlio, e la conoscenza del Figlio di Dio avviene per mezzo dello Spirito Santo[704].

Lo Spirito Santo con la sua grazia è il primo nel destare la nostra fede e nel suscitare la vita

[701] *Gal 4,6-7.*
[702] *1 Cor 12,3.*
[703] *Gal 4,6.*
[704] IRENEO DI LIONE, *Demonstratio praedicationis apostolicae*, 7: SC 62,41-42; CCC 683.

nuova che consiste nel conoscere il Padre e colui che ha mandato, Gesù Cristo[705]. Tuttavia è l'ultimo nella rivelazione delle Persone della Santa Trinità. San Gregorio Nazianzeno, «il Teologo», spiega questa progressione con la pedagogia della «condiscendenza» divina:

> «L'Antico Testamento proclamava chiaramente il Padre, più oscuramente il Figlio. Il Nuovo ha manifestato il Figlio, ha fatto intravedere la divinità dello Spirito. Ora lo Spirito ha diritto di cittadinanza in mezzo a noi e ci accorda una visione più chiara di se stesso. Infatti non era prudente, quando non si professava ancora la divinità del Padre, proclamare apertamente il Figlio e, quando non era ancora ammessa la divinità del Figlio, aggiungere lo Spirito Santo come un fardello supplementare, per usare un'espressione un po' ardita. [...] Solo attraverso, un cammino di avanzamento e di progresso "di gloria in gloria", la luce della Trinità sfolgorerà in più brillante trasparenza»[706].

Credere nello Spirito Santo significa dunque professare che lo Spirito Santo è una delle Persone della Santa Trinità, consostanziale al Padre e al Figlio, «con il Padre e il Figlio adorato e glorificato»[707]. Per questo motivo si è trattato del mistero divino dello Spirito Santo nella «teologia» trinitaria. Qui, dunque, si considererà lo Spirito Santo solo nell'«economia» divina[708].

Lo Spirito Santo è all'opera con il Padre e il Figlio dall'inizio al compimento del disegno della nostra salvezza. Tuttavia è solo negli «ultimi tempi», inaugurati con l'Incarnazione redentrice del Figlio, che Egli viene rivelato e donato, riconosciuto e accolto come Persona. Allora questo disegno divino, compiuto in Cristo, «Primogenito» e Capo della nuova creazione, potrà realizzarsi nell'umanità con l'effusione dello Spirito: la Chiesa, la comunione dei santi, la remissione dei peccati, la risurrezione della carne, la vita eterna[709].

«I segreti di Dio nessuno li ha mai potuti conoscere se non lo Spirito di Dio»[710]. Ora, il suo Spirito che lo rivela ci fa conoscere Cristo, suo Verbo, sua Parola vivente, ma non manifesta se stesso. Colui che «ha parlato per mezzo dei profeti»[711] ci fa udire la parola del Padre. Lui, però, non lo sentiamo. Non lo conosciamo che nel momento in cui ci rivela il Verbo e ci dispone ad accoglierlo nella fede. Lo Spirito di verità che ci svela Cristo non parla da sé[712]. Un tale annientamento, propriamente divino, spiega il motivo per cui «il mondo non può ricevere» lo Spirito, *«perché non lo vede e non lo conosce»*[713], mentre coloro che credono in Cristo lo conoscono perché dimora presso di loro[714].

La Chiesa, comunione vivente nella fede degli Apostoli che essa trasmette, è il luogo della nostra conoscenza dello Spirito Santo[715]:

- nelle Scritture che Egli ha ispirato;
- nella Tradizione, di cui i Padri della Chiesa sono i testimoni sempre attuali;
- nel Magistero della Chiesa che Egli assiste;
- nella liturgia sacramentale, attraverso le sue parole e i suoi simboli, in cui lo Spirito Santo ci mette in comunione con Cristo;
- nella preghiera, nella quale intercede per noi;
- nei carismi e nei ministeri per mezzo dei quali si edifica la Chiesa;
- nei segni di vita apostolica e missionaria;
- nella testimonianza dei santi manifesta la sua santità e continua l'opera della salvezza.

---

[705] Cfr. v 17,3; CCC 684.
[706] GREGORIO NAZIANZENO, *Oratio* 31 (Theologica 5), 26: 250, 326: PG 36, 161-164.
[707] *Simbolo niceno-costantinopolitano*: DS150.
[708] CCC 685.
[709] CCC 686.
[710] *1 Cor 2,11.*
[711] *Simbolo niceno-costantinopolitano*: DS 150.
[712] Cfr. *Gv 16,13.*
[713] *Gv 14,17.*
[714] CCC 687.
[715] CCC 688.

5.1. La missione congiunta del Figlio e dello Spirito

Colui che il Padre ha mandato nei nostri cuori, lo Spirito del suo Figlio,[716] è realmente Dio. Consostanziale al Padre e al Figlio, ne è inseparabile, tanto nella vita intima della Trinità quanto nel suo dono d'amore per il mondo. Ma adorando la Santissima Trinità, vivificante, consostanziale e indivisibile, la fede della Chiesa professa anche la distinzione delle Persone. Quando il Padre invia il suo Verbo, invia sempre il suo Soffio: missione congiunta in cui il Figlio e lo Spirito Santo sono distinti ma inseparabili. Certo, è Cristo che appare, Egli l'immagine visibile del Dio invisibile, ma è lo Spirito Santo che lo rivela[717].

Gesù è Cristo, «unto», perché lo Spirito ne è l'unzione e tutto ciò che avviene a partire dall'Incarnazione sgorga da questa pienezza[718]. Infine, quando Cristo è glorificato,[719] può, a sua volta, dal Padre, inviare lo Spirito a coloro che credono in lui: comunica loro la sua gloria,[720] cioè lo Spirito Santo che lo glorifica[721]. La missione congiunta si dispiegherà da allora in poi nei figli adottati dal Padre nel corpo del suo Figlio: la missione dello Spirito di adozione sarà di unirli a Cristo e di farli vivere in lui:

> «La nozione di unzione suggerisce [...] che non c'è alcuna distanza tra il Figlio e lo Spirito. Infatti, come tra la superficie del corpo e l'unzione dell'olio, né la ragione né la sensazione conoscono intermediari, così è immediato il contatto del Figlio con lo Spirito; di conseguenza colui che sta per entrare in contatto con il Figlio mediante la fede, deve necessariamente dapprima entrare in contatto con l'olio. Nessuna parte infatti è priva dello Spirito Santo. Ecco perché la confessione della signoria del Figlio avviene nello Spirito Santo per coloro che la ricevono, dato che lo Spirito Santo viene da ogni parte incontro a coloro che si approssimano per la fede».[722]

5.2. Il nome, gli appellativi e i simboli dello Spirito Santo

5.2.1 Il nome proprio dello Spirito Santo

«Spirito Santo»: tale è il nome proprio di Colui che noi adoriamo e glorifichiamo con il Padre e il Figlio. La Chiesa lo ha ricevuto dal Signore e lo professa nel Battesimo dei suoi nuovi figli[723].

Il termine «Spirito» traduce il termine ebraico *Ruah*, che nel suo senso primario significa soffio, aria, vento. Gesù utilizza proprio l'immagine sensibile del vento per suggerire a Nicodemo la novità trascendente di Colui che è il Soffio di Dio, lo Spirito, divino in persona[724]. D'altra parte, Spirito e Santo sono attributi divini comuni alle tre Persone divine. Ma congiungendo i due termini, la Scrittura, la liturgia e il linguaggio teologico designano la Persona ineffabile dello Spirito Santo, senza possibilità di equivoci con gli altri usi dei termini «spirito» e «santo»[725].

5.2.2 Gli appellativi dello Spirito Santo

Gesù, quando annunzia e promette la venuta dello Spirito Santo, lo chiama «Paraclito»,

---

[716] Cfr. *Gal 4,6.*
[717] CCC 689.
[718] Cfr. *Gv 3,34.*
[719] Cfr. *Gv 7,39.*
[720] Cfr. *Gv 17,22.*
[721] Cfr. *Gv 16,14*; CCC 690.
[722] GREGORIO DI NISSA, *Adversus Macedonianos de Spiritu Sancto*, 16: GREGORII NYSSENI, *Opera*, W. JAEGER – H. LANGERBECK (ed.), vol. 31, Leiden 1958: PG 45,1321.
[723] Cfr. *Mt 28,19.*
[724] Cfr. *Gv 3,5-8.*
[725] CCC 691.

letteralmente: «Colui che è chiamato vicino», «*advocatus*»[726]. «Paraclito» viene abitualmente tradotto «Consolatore», essendo Gesù il primo consolatore[727]. Il Signore stesso chiama lo Spirito Santo «Spirito di verità»[728].

Oltre al suo nome proprio, che è il più usato negli Atti degli Apostoli e nelle Lettere, in san Paolo troviamo gli appellativi: «*Spirito* [...] *promesso*»[729], «*Spirito da figli adottivi*»[730], «*Spirito di Cristo*»[731], «*Spirito del Signore*»[732], «*Spirito di Dio*»[733] e, in san Pietro, «*Spirito della gloria*»[734].

5.2.3 I simboli dello Spirito Santo

L'*acqua*. Il simbolismo dell'acqua significa l'azione dello Spirito Santo nel Battesimo, poiché dopo l'invocazione dello Spirito Santo essa diviene il segno sacramentale efficace della nuova nascita: come la gestazione della nostra prima nascita si è operata nell'acqua, allo stesso modo l'acqua battesimale significa realmente che la nostra nascita alla vita divina ci è donata nello Spirito Santo. Ma, «*battezzati in un solo Spirito*», noi «*ci siamo*» anche «*abbeverati a un solo Spirito*»[735]: lo Spirito, dunque, è anche personalmente l'Acqua viva che scaturisce da Cristo crocifisso come dalla sua sorgente[736] e che in noi zampilla per la vita eterna[737].

L'***unzione***. Il simbolismo dell'unzione con l'olio è talmente significativo dello Spirito Santo da divenirne il sinonimo[738]. Nell'iniziazione cristiana essa è il segno sacramentale della Confermazione, chiamata giustamente nelle Chiese d'Oriente «Crismazione». Ma per coglierne tutta la forza, bisogna tornare alla prima unzione compiuta dallo Spirito Santo: quella di Gesù Cristo «*Messia*» che in ebraico significa «unto» dallo Spirito di Dio. Nell'Antica Alleanza ci sono stati alcuni «unti» del Signore[739], primo fra tutti il re Davide[740]. Ma Gesù è l'unto di Dio in una maniera unica: l'umanità che il Figlio assume è totalmente «unta di Spirito Santo». Gesù è costituito «Cristo» dallo Spirito Santo[741]. La Vergine Maria concepisce Cristo per opera dello Spirito Santo, il quale, attraverso l'angelo, lo annunzia come Cristo fin dalla nascita[742] e spinge Simeone ad andare al Tempio per vedere il Cristo del Signore[743]; è Lui che ricolma Cristo[744], è sua la forza che esce da Cristo negli atti di guarigione e di risanamento[745]. È Lui, infine, che risuscita Cristo dai morti[746]. Allora, costituito pienamente «Cristo» nella sua umanità vittoriosa della morte[747], Gesù effonde a profusione lo Spirito Santo, finché «i santi» costituiranno, nella loro unione, l'umanità del Figlio di Dio, l'«*uomo perfetto, nella misura che conviene alla piena maturità di Cristo*»[748]: il «*Christus*

---

[726] *Gv 14,16.26*; *15,26*; *16,7*.
[727] Cfr. *1 Gv 2,1*.
[728] *Gv 16,13*; CCC 692.
[729] *Ef 1,13*; *Gal 3,14*.
[730] *Rm 8,15*; *Gal 4,6*.
[731] *Rm 8,9*.
[732] *2 Cor 3,17*.
[733] *Rm 8,9.14*; *15,19*; *1 Cor 6,11*; *7,40*.
[734] *1 Pt 4,14*; CCC 693.
[735] *1 Cor 12,13*.
[736] Cfr. *Gv 19,34*; *1 Gv 5,8*.
[737] Cfr.*Gv 4,10-14*; *7,38*; *Es 17,1-6*; *Is 55,1*; *Zc 14,8*; *1 Cor 10,4*; *Ap 21,6*; *22,17*; CCC 694.
[738] Cfr. *1 Gv 2,20.27*; *2 Cor 1,21*.
[739] Cfr. *Es 30,22-32*.
[740] Cfr. *1 Sam 16,13*.
[741] Cfr. *Lc 4,18-19*; Is *61,1*.
[742] Cfr. *Lc 2,11*.
[743] Cfr. *Lc* 2,26-27.
[744] Cfr. *Lc 4,1*.
[745] Cfr. *Lc 6,19*; *8,46*.
[746] Cfr. *Rm 1,4*; *8,11*.
[747] Cfr. *At 2,36*.
[748] *Ef 4,13*.

totus, il Cristo totale», secondo l'espressione di sant'Agostino[749].

Il fuoco. Mentre l'acqua significa la nascita e la fecondità della vita donata nello Spirito Santo, il fuoco simbolizza l'energia trasformante degli atti dello Spirito Santo. Il profeta Elia, che «*sorse simile al fuoco*» e la cui «*parola bruciava come fiaccola*»[750], con la sua preghiera attira il fuoco del cielo sul sacrificio del monte Carmelo[751], figura del fuoco dello Spirito Santo che trasforma ciò che tocca. Giovanni Battista, che cammina innanzi al Signore «*con lo spirito e la forza di Elia*»[752], annunzia Cristo come Colui che «*battezzerà in Spirito Santo e fuoco*»[753], quello Spirito di cui Gesù dirà: «*Sono venuto a portare il fuoco sulla terra; e come vorrei che fosse già acceso!*»[754]. E sotto la forma di «*lingue come di fuoco*» che lo Spirito Santo si posa sui discepoli il mattino di Pentecoste e li riempie di sé[755]. La tradizione spirituale riterrà il simbolismo del fuoco come uno dei più espressivi dell'azione dello Spirito Santo[756]: «*Non spegnete lo Spirito*»[757].

La nube e la luce. Questi due simboli sono inseparabili nelle manifestazioni dello Spirito Santo. Fin dalle teofanie dell'Antico Testamento, la nube, ora oscura, ora luminosa, rivela il Dio vivente e salvatore, velando la trascendenza della sua gloria con Mosè sul monte Sinai[758], presso la tenda del convegno[759] e durante il cammino nel deserto[760]; con Salomone al momento della dedicazione del Tempio[761]. Ora, queste figure sono portate a compimento da Cristo nello Spirito Santo. E questi che scende sulla Vergine Maria e su di lei stende la «*sua ombra*», affinché ella concepisca e dia alla luce Gesù[762]. Sulla montagna della trasfigurazione è Lui che viene nella nube che avvolge Gesù, Mosè e Elia, Pietro, Giacomo e Giovanni, e «dalla nube» esce una voce che dice: «*Questi è il mio Figlio, l'eletto: ascoltatelo*»[763]. Infine, è la stessa nube che sottrae Gesù allo sguardo dei discepoli il giorno dell'ascensione[764] e che lo rivelerà Figlio dell'uomo nella sua gloria il giorno della sua venuta[765].

Il sigillo è un simbolo vicino a quello dell'unzione. Infatti su Cristo «*Dio ha messo il suo sigillo*»[766], e in Lui il Padre segna anche noi con il suo sigillo[767]. Poiché indica l'effetto indelebile dell'unzione dello Spirito Santo nei sacramenti del Battesimo, della Confermazione e dell'Ordine, l'immagine del sigillo [«*σφραγίς*» «sphragis»], è stata utilizzata in certe tradizioni teologiche per esprimere il «carattere» indelebile impresso da questi tre sacramenti che non possono essere ripetuti[768].

---

[749] AGOSTINO D'IPPONA, *Sermo* 341,1,1: PL 39,1493; *Ibidem*, 9,11: PL 39,1499; CCC 695.
[750] *Sir 48,1.*
[751] Cfr. *1 Re 18,38-39.*
[752] *Lc 1,17.*
[753] *Lc 3,16.*
[754] *Lc 12,49.*
[755] Cfr. *At 2,3-4.*
[756] Cfr. GIOVANNI DELLA CROCE, *Llama de amor viva*: Biblioteca Mistica Carmelitana, XIII, Burgos 1931, 1-102; 103-213.
[757] *1 Ts 5,19*; CCC 696.
[758] Cfr. *Es 24,15-18.*
[759] Cfr. *Es 33,9-10.*
[760] Cfr. *Es 40,36-38*; *1 Cor 10,1-2.*
[761] Cfr. *1 Re 8,10-12.*
[762] Cfr. *Lc 1,35.*
[763] *Lc 9,35.*
[764] Cfr. *At 1,9.*
[765] Cfr. *Lc 21,27*; CCC 697.
[766] *Gv 6,27.*
[767] Cfr. *2 Cor 1,22*; *Ef 1,13*; *4,30.*
[768] CCC 698.

La *mano*. Imponendo le mani Gesù guarisce i malati[769] e benedice i bambini[770]. Nel suo nome, gli Apostoli compiranno gli stessi gesti[771]. Ancor di più, è mediante l'imposizione delle mani da parte degli Apostoli che viene donato lo Spirito Santo[772]. La lettera agli Ebrei mette l'imposizione delle mani tra gli «articoli fondamentali» del suo insegnamento[773]. La Chiesa ha conservato questo segno dell'effusione dello Spirito Santo nelle epiclesi sacramentali[774].

Il *dito*. «*Con il dito di Dio*» Gesù scaccia «*i demoni*»[775]. Se la Legge di Dio è stata scritta su tavole di pietra «*dal dito di Dio*»[776], «la lettera di Cristo», affidata alle cure degli Apostoli, è «*scritta con lo Spirito del Dio vivente, non su tavole di pietra, ma sulle tavole di carne dei* [...] *cuori*»[777]. L'inno «*Veni, Creator Spiritus*» invoca lo Spirito Santo cui ci si rivolge come «*dexterae Dei tu digitus* – tu dito della mano di Dio»[778].

La *colomba*. Alla fine del diluvio (il cui simbolismo riguarda il Battesimo), la colomba fatta uscire da Noè torna, portando nel becco un freschissimo ramoscello d'ulivo, segno che la terra è di nuovo abitabile[779]. Quando Cristo risale dall'acqua del suo battesimo, lo Spirito Santo, sotto forma di colomba, scende su di Lui e in Lui rimane[780]. Lo Spirito scende e prende dimora nel cuore purificato dei battezzati. In alcune chiese, la santa Riserva eucaristica è conservata in una custodia metallica a forma di colomba (*il columbarium*) appesa al di sopra dell'altare. Il simbolo della colomba per indicare lo Spirito Santo è tradizionale nell'iconografia cristiana[781].

5.3 Lo Spirito e la Parola di Dio nel tempo delle promesse

Dalle origini fino alla «*pienezza del tempo*»[782], la missione congiunta del Verbo e dello Spirito del Padre rimane nascosta, ma è all'opera. Lo Spirito di Dio va preparando il tempo del Messia e l'uno e l'altro, pur non essendo ancora pienamente rivelati, vi sono già promessi, affinché siano attesi e accolti al momento della loro manifestazione. Per questo, quando la Chiesa legge l'Antico Testamento[783] vi cerca[784] ciò che lo Spirito, «che ha parlato per mezzo dei profeti»[785], vuole dirci di Cristo[786].

Con il termine «profeti» la fede della Chiesa intende tutti coloro che furono ispirati dallo Spirito Santo nel vivo annuncio e nella redazione dei Libri Sacri, sia dell'Antico sia del Nuovo Testamento. La tradizione ebraica distingue la Legge (i primi cinque libri o Pentateuco, noti come la Torah תורה), i Profeti (corrispondenti ai nostri libri detti storici e profetici, noti come Nev(b)im נביאים) e gli Scritti (soprattutto sapienziali, in particolare i Salmi, noti come Ketuv(b)im כתובים)[787].

---

769 Cfr. *Mc 6,5*; *8,23*.
770 Cfr. *Mc 10,16*.
771 Cfr. *Mc 16,18*; *At 5,12*; *14,3*.
772 Cfr. *At 8,17-19*; *13,3*; *19,6*.
773 Cfr. *Eb 6,2*.
774 CCC 699.
775 Cfr. *Lc 11,20*.
776 *Es 31,18*.
777 *2 Cor 3,3*.
778 LITURGIA DELLE ORE, II, Domenica di Pentecoste, *Inno ai I e II Vespri*; CCC 700.
779 Cfr.*Gn 8,8-12*.
780 Cfr. *Mt 3,16* e paralleli.
781 CCC 701.
782 Cfr. *Gal* 4,4.
783 Cfr. *2 Cor 3,14*.
784 Cfr. *Gv 5,39.46*.
785 *Simbolo niceno-costantinopolitano*: DS150.
786 CCC 702.
787 Cfr. *Lc 24,44*. Le tre espressioni Torah, Nevim e Ketubim nella tradizione ebraica sono spesso chiamate insieme Tanakh, termine abbreviato in TNK, acronimo formato dalle iniziali delle tre sezioni della Bibbia ebraica.

5.3.1 Nella Creazione

La Parola di Dio e il suo Soffio sono all'origine dell'essere e della vita di ogni creatura[788]:

> «È proprio dello Spirito Santo governare, santificare e animare la creazione, perché Egli è Dio consostanziale al Padre e al Figlio [...]. Egli ha potere sulla vita, perché, essendo Dio, custodisce la creazione nel Padre per mezzo del Figlio»[789] .

> «Quanto all'uomo, Dio l'ha plasmato con le sue proprie mani [cioè il Figlio e lo Spirito Santo] [...] e sulla carne plasmata disegnò la sua propria forma, in modo che anche ciò che era visibile portasse la forma divina»[790].

5.3.2 Lo Spirito della Promessa

Sfigurato dal peccato e dalla morte l'uomo rimane «a immagine di Dio», a immagine del Figlio, ma è privo «della gloria di Dio»,[791] della «somiglianza». La Promessa fatta ad Abramo inaugura l'economia della salvezza, al termine della quale il Figlio stesso assumerà «l'immagine»[792] e la restaurerà nella «somiglianza» con il Padre, ridonandole la gloria, lo Spirito «che dà la vita»[793].

Contro ogni speranza umana, Dio promette ad Abramo una discendenza, come frutto della fede e della potenza dello Spirito Santo[794]. In essa saranno benedetti tutti i popoli della terra[795]. Questa discendenza sarà Cristo[796], nel quale l'effusione dello Spirito Santo riunirà insieme i figli di Dio che erano dispersi[797]. Impegnandosi con giuramento,[798] Dio si impegna già al dono del suo Figlio Prediletto[799] e al dono dello Spirito della Promessa che prepara la redenzione del popolo che Dio si è acquistato[800].

5.3.3 Nelle teofanie e nella Legge

Le teofanie (manifestazioni di Dio) illuminano il cammino della Promessa, dai patriarchi a Mosè e da Giosuè fino alle visioni che inaugurano la missione dei grandi profeti. La tradizione cristiana ha sempre riconosciuto che in queste teofanie si lasciava vedere e udire il Verbo di Dio, ad un tempo rivelato e «adombrato» nella nube dello Spirito Santo[801].

Questa pedagogia di Dio appare specialmente nel dono della Legge[802], la quale è stata donata, come un «pedagogo» per condurre il popolo a Cristo[803]. Tuttavia, la sua impotenza a salvare l'uomo, privo della «somiglianza» divina, e l'accresciuta conoscenza del peccato che da essa deriva[804] suscitano il desiderio dello Spirito Santo. I gemiti dei salmi lo testimoniano[805].

---

788 Cfr. *Lc 24,44*; Cfr. *Sal 33,6*; 104,30; *Gn 1,2*; *2,7*; *Qo 3,20-21*; *Ez 37,10*; CCC 703.
789 UFFICIO DELLE ORE BIZANTINO, *Mattutino della Domenica del modo secondo*, Antifone 1 e 2, 107.
790 IRENEO DI LIONE, *Demonstratio praedicationis apostolicae*, 11: SC 62,48-49; CCC 704.
791 Cfr. *Rm 3,23*.
792 Cfr. *Gv 1,14*; *Fil 2,7*.
793 CCC 705.
794 Cfr. *Gn 18,1-15*; *Lc 1,26-38.54-55*; *Gv 1,12-13*; *Rm 4,16-21*.
795 Cfr. *Gn 12,3*.
796 Cfr. *Gal 3,16*.
797 Cfr. *Gv 11,52*.
798 Cfr. *Lc 1,73*.
799 Cfr. *Gn 22,17-18*; *Rm 8,32*; *Gv 3,16*.
800 Cfr. *Ef 1,13-14*; *Gal 3,14*; CCC 706.
801 CCC 707.
802 Cfr. *Es 19-20*; *Dt 1-11*; *29-30*.
803 Cfr. *Gal 3,24*.
804 Cfr. *Rm 3,20*.
805 CCC 708.

5.3.4 Nel Regno e nell'esilio

La Legge, segno della Promessa e dell'Alleanza, avrebbe dovuto reggere il cuore e le Istituzioni del popolo nato dalla fede di Abramo. «*Se vorrete ascoltare la mia voce e custodirete la mia alleanza, sarete per me un regno di sacerdoti e una nazione santa*»[806]. Ma, dopo Davide, Israele cede alla tentazione di divenire un regno come le altre nazioni. Ora il regno, oggetto della promessa fatta a Davide[807], sarà opera dello Spirito Santo e apparterrà ai poveri secondo lo Spirito[808].

La dimenticanza della Legge e l'infedeltà all'Alleanza conducono alla morte: è l'esilio, apparente smentita delle promesse, di fatto misteriosa fedeltà del Dio salvatore e inizio della restaurazione promessa, ma secondo lo Spirito. Era necessario che il popolo di Dio subisse questa purificazione[809]; l'esilio immette già l'ombra della croce nel disegno di Dio e il resto dei poveri che ritorna dall'esilio è una delle figure più trasparenti della Chiesa[810].

5.3.5 L'attesa del Messia e del Suo Spirito

«*Ecco, faccio una cosa nuova*»[811]. Cominciano a delinearsi due linee profetiche, fondate l'una sull'attesa del Messia, l'altra sull'annunzio di uno Spirito nuovo. Esse convergono sul piccolo «resto», il popolo dei poveri[812] che attende nella speranza il «conforto d'Israele» e la «redenzione di Gerusalemme»[813].

Si è visto precedentemente come Gesù compia le profezie che lo riguardano. Qui ci si limita a quelle in cui è più evidente la relazione fra il Messia e il suo Spirito[814].

I tratti del volto del Messia[815] atteso cominciano a emergere nel Libro dell'Emmanuele[816] (quando «Isaia [...] vide la gloria» di Cristo[817]), in particolare ove dice:

> *«Un germoglio spunterà dal tronco di Iesse, un virgulto germoglierà dalle sue radici. Su di lui si poserà lo spirito del Signore, spirito di sapienza e di intelligenza, spirito di consiglio e di fortezza, spirito di conoscenza e di timore del Signore»*[818].

I tratti del Messia sono rivelati soprattutto nei canti del Servo Sofferente di Jahvè[819]. Questi canti annunziano il significato della passione di Gesù e indicano così in quale modo egli avrebbe effuso lo Spirito Santo per vivificare la moltitudine: non dall'esterno, ma assumendo la nostra «*condizione di servi*»[820]. Prendendo su di sé la nostra morte, può comunicarci il suo Spirito di vita[821].

Per questo Cristo inaugura l'annunzio della Buona Novella[822] facendo suo questo testo di Isaia:

---

806 *Es 19,5-6*; Cfr. *1 Pt 2,9*.
807 Cfr. *2 Sam 7*; *Sal 89*; *Lc 1,32-33*.
808 CCC 709.
809 Cfr. *Lc 24,26*.
810 CCC 710.
811 *Is 43,19*.
812 Cfr. *Sof 2,3*.
813 *Lc 2,25.38*.
814 CCC 711.
815 CCC 712.
816 Cfr. *Is 6-12*.
817 *Gv 12,41*.
818 *Is 11,1-2*.
819 Cfr. *Is 42,1-9*; *Mt 12,18-21*; *Gv 1,32-34*, e anche *Is 49,16*; *Mt 3,17*; *Lc 2,32*, e infine *Is 50,4-10* e *52,13-15*; *53,12*.
820 *Fil 2,7*.
821 CCC 713.
822 CCC 714.

«Lo Spirito del Signore è sopra di me, per questo mi ha consacrato con l'unzione e mi ha mandato per annunziare ai poveri un lieto messaggio, per proclamare ai prigionieri la liberazione e ai ciechi la vista; per rimettere in libertà gli oppressi e predicare un anno di grazia del Signore»[823].

I testi profetici concernenti direttamente l'invio dello Spirito Santo sono oracoli in cui Dio parla al cuore del suo popolo nel linguaggio della Promessa, con gli accenti dell'amore e della fedeltà[824], il cui compimento san Pietro proclamò il mattino di Pentecoste[825]. Secondo queste promesse, negli «ultimi tempi», lo Spirito del Signore rinnoverà il cuore degli uomini scrivendo in essi una Legge nuova; radunerà e riconcilierà i popoli dispersi e divisi; trasformerà la primitiva creazione e Dio vi abiterà con gli uomini nella pace[826].

Il popolo dei «poveri»,[827] gli umili e i miti, totalmente abbandonati ai disegni misteriosi del loro Dio, coloro che attendono la giustizia, non degli uomini ma del Messia, è alla fine la grande opera della missione nascosta dello Spirito Santo durante il tempo delle promesse per preparare la venuta di Cristo. È il loro cuore, purificato e illuminato dallo Spirito, che si esprime nei salmi. In questi poveri, lo Spirito prepara al Signore «*un popolo ben disposto*»[828].

5.4 Spirito di Cristo nella pienezza del tempo

5.4.1 Giovanni Precursore, Profeta e Battista

«*Venne un uomo mandato da Dio e il suo nome era Giovanni*»[829]. Giovanni è riempito di Spirito Santo fin dal seno di sua madre[830] da Cristo stesso che la Vergine Maria aveva da poco concepito per opera dello Spirito Santo. La «visitazione» di Maria ad Elisabetta diventa così visita di Dio al suo popolo[831]. Giovanni è «*quell'Elia che deve venire*»[832]: il fuoco dello Spirito abita in lui e lo fa «correre avanti» (come «precursore») al Signore che viene. In Giovanni il Precursore, lo Spirito Santo termina di «*preparare al Signore un popolo ben disposto*»[833]. Giovanni è «*più che un profeta*»[834]. In lui lo Spirito Santo termina di «parlare per mezzo dei profeti». Egli chiude il ciclo dei profeti inaugurato da Elia[835]. Annunzia che la consolazione di Israele è prossima; è la «voce» del Consolatore che viene[836]. Come farà lo Spirito di verità, egli viene «*come testimone per rendere testimonianza alla Luce*»[837]. In Giovanni, lo Spirito compie così le «indagini dei profeti» e il «desiderio» degli angeli:[838] «*L'uomo sul quale vedrai scendere e rimanere lo Spirito è Colui che battezza in Spirito Santo. E io ho visto e ho reso testimonianza che questi è il Figlio di Dio.* [...] *Ecco l'Agnello di Dio*»[839]. Con il Battista lo Spirito Santo inaugura, prefigurandolo, ciò che realizzerà con Cristo e in Cristo: ridonare all'uomo «la somiglianza» divina. Il battesimo di Giovanni era per la conversione, quello nell'acqua e nello Spirito sarà una nuova nascita[840].

---

823 Cfr. *Is 61,1-2*; *Lc 4,18-19*.
824 Cfr. *Ez 11,19*; *36,25-28*; *37,1-14*; *Ger 31,31-34*; *Gl 3,1-5*.
825 Cfr. *At 2,17-21*.
826 CCC 715.
827 Cfr. *Sof 2,3*; *Sal 22,27*; *34,3*; *Is 49,13*; *61,1*.
828 *Lc 1,17*; CCC 716.
829 *Gv 1,6*.
830 Cfr. *Lc 1,41*.
831 Cfr. *Lc 1,68*; CCC 730. .
832 Cfr. *Mt 17,10-13*.
833 *Lc 1,17*; CCC 731.
834 Cfr. *Lc 7,26*.
835 Cfr. *Mt 11,13-14*.
836 Cfr. *Gv 1,23*; *Is 40,1-3*.
837 *Gv 1,7*; Cfr. *Gv 15,26*; *5,33*..
838 Cfr. *1 Pt 1,10-12*.
839 *Gv 1,33-36*; CCC 719.
840 Cfr. *Gv 3,5*; CCC 720.

5.4.2 «Gioisci, piena di grazia»

Maria, la santissima Madre di Dio, sempre Vergine, è il capolavoro della missione del Figlio e dello Spirito nella pienezza del tempo. Per la prima volta nel disegno della salvezza e perché il suo Spirito l'ha preparata, il Padre trova la Dimora dove il suo Figlio e il suo Spirito possono abitare tra gli uomini. In questo senso la Tradizione della Chiesa ha spesso letto riferendoli a Maria i più bei testi sulla Sapienza[841]: Maria è cantata e rappresentata nella liturgia come «Sede della Sapienza». In Lei cominciano a manifestarsi le «meraviglie di Dio», che lo Spirito compirà in Cristo e nella Chiesa[842].

Lo Spirito Santo ha preparato Maria con la sua grazia. Era conveniente che fosse «piena di grazia» la Madre di Colui nel quale *«abita corporalmente tutta la pienezza della divinità»*[843]. Per pura grazia, Ella è stata concepita senza peccato come la creatura più umile e più capace di accogliere il Dono ineffabile dell'Onnipotente. A giusto titolo l'angelo Gabriele la saluta come la «Figlia di Sion»: *«Gioisci»*[844]. E il rendimento di grazie di tutto il popolo di Dio e quindi della Chiesa che Maria eleva al Padre, nello Spirito, nel suo cantico[845], quando Ella porta in sé il Figlio eterno[846].

In Maria, lo Spirito Santo realizza il disegno misericordioso del Padre. E per opera dello Spirito che la Vergine concepisce e dà alla luce il Figlio di Dio. La sua verginità diventa fecondità unica in virtù della potenza dello Spirito e della fede[847].

In Maria, lo Spirito Santo manifesta il Figlio del Padre divenuto Figlio della Vergine. Ella è il roveto ardente della teofania definitiva: ricolma di Spirito Santo, mostra il Verbo nell'umiltà della sua carne ed è ai poveri[848] e alle primizie dei popoli[849] che lo fa conoscere[850].

Infine, per mezzo di Maria, lo Spirito Santo, comincia a mettere in comunione con Cristo gli uomini oggetto dell'amore misericordioso di Dio[851]. Gli umili sono sempre i primi a riceverlo: i pastori, i magi, Simeone e Anna, gli sposi di Cana e i primi discepoli[852].

Al termine di questa missione dello Spirito, Maria diventa la «Donna», nuova Eva, «Madre dei viventi», Madre del «Cristo totale»,[853] In quanto tale, Ella è presente con i Dodici, *«assidui e concordi nella preghiera»*[854], all'alba degli «ultimi tempi» che lo Spirito inaugura il mattino di Pentecoste manifestando la Chiesa[855].

5.4.3 Gesù Cristo

Tutta la missione del Figlio e dello Spirito Santo nella pienezza del tempo è racchiusa nel fatto che il Figlio è l'Unto dello Spirito del Padre dal momento dell'Incarnazione: Gesù è Cristo, il Messia[856].

Tutto il secondo articolo del Simbolo della fede deve essere letto in questa luce. L'intera opera di Cristo è missione congiunta del Figlio e dello Spirito Santo. Qui si menzionerà soltanto ciò

[841] Cfr. *Pro 8,1-9,6*; *Sir 24*.
[842] CCC 721.
[843] *Col 2,9*.
[844] Cfr. *Sof 3,14*; *Zc 2,14*.
[845] Cfr. *Lc 1,46-55*.
[846] CCC 722.
[847] Cfr. *Lc 1,26-38*; *Rm 4,18-21*; *Gal 4,26-28*; CCC 723.
[848] Cfr. *Lc 2,15-19*.
[849] Cfr. *Mt 2,11*.
[850] CCC 724.
[851] Cfr. *Lc 2,14*.
[852] CCC 725.
[853] Cfr. *Gv 19,25-27*.
[854] *At 1,14*.
[855] CCC 726.
[856] CCC 727.

che concerne la promessa dello Spirito Santo da parte di Gesù e il dono dello Spirito da parte del Signore glorificato.

Gesù rivela in pienezza lo Spirito Santo solo dopo che è stato Egli stesso glorificato con la sua morte e risurrezione. Tuttavia lo lascia gradualmente intravedere anche nel suo insegnamento alle folle, quando rivela che la sua carne sarà cibo per la vita del mondo[857]. Inoltre lo lascia intuire a Nicodemo[858], alla Samaritana[859] e a coloro che partecipano alla festa delle Capanne[860]. Ai suoi discepoli ne parla apertamente a proposito della preghiera[861] e della testimonianza che dovranno dare[862].

Solo quando giunge l'Ora in cui sarà glorificato, Gesù promette la venuta dello Spirito Santo, poiché la sua morte e la sua risurrezione saranno il compimento della Promessa fatta ai Padri[863]. Lo Spirito di verità, l'altro Paraclito, sarà donato dal Padre per la preghiera di Gesù; sarà mandato dal Padre nel nome di Gesù; Gesù lo invierà quando sarà presso il Padre, perché è uscito dal Padre. Lo Spirito Santo verrà, noi lo conosceremo, sarà con noi per sempre dimorerà con noi; ci insegnerà ogni cosa e ci ricorderà tutto ciò che Cristo ci ha detto e Gli renderà testimonianza; ci condurrà alla verità tutta intera e glorificherà Cristo; convincerà il mondo quanto al peccato, alla giustizia e al giudizio[864].

Infine viene l'Ora di Gesù:[865] Gesù consegna il suo spirito nelle mani del Padre[866] nel momento in cui con la sua morte vince la morte, in modo che, «*risuscitato dai morti per mezzo della gloria del Padre*»[867], Egli dona subito lo Spirito Santo «alitando» sui suoi discepoli[868]. A partire da questa Ora, la missione di Cristo e dello Spirito diviene la missione della Chiesa: «*Come il Padre ha mandato me, anch'io mando voi*»[869].

5.5. Lo Spirito e la Chiesa negli ultimi tempi

5.5.1 La Pentecoste

Il giorno di Pentecoste (al termine delle sette settimane pasquali), la Pasqua di Cristo si compie nell'effusione dello Spirito Santo che è manifestato, donato e comunicato come Persona divina: dalla sua pienezza Cristo Signore effonde a profusione lo Spirito[870].

In questo giorno è pienamente rivelata la Santissima Trinità[871]. Da questo giorno, il Regno annunziato da Cristo è aperto a coloro che credono in Lui nell'umiltà della carne e nella fede, essi partecipano già alla comunione della Santissima Trinità. Con la sua venuta, che non ha fine, lo Spirito Santo introduce il mondo negli «ultimi tempi», il tempo della Chiesa, il Regno già ereditato, ma non ancora compiuto:«Abbiamo visto la vera Luce, abbiamo ricevuto lo Spirito celeste, abbiamo trovato la vera fede: adoriamo la Trinità indivisibile, perché ci ha salvati»[872].

---

857 Cfr. *Gv 6,27.51.62-63.*
858 Cfr. *Gv 3,5-8.*
859 Cfr. *Gv 4,10.14.23-24.*
860 Cfr. *Gv 7,37-39.*
861 Cfr. *Lc 11,13.*
854 Cfr. *Mt 10,19-20*; CCC 728.
863 Cfr. *Gv 14,16-17.26*; *15,26*; *16,7-15*; *17,26.*
864 CCC 729.
865 Cfr. *Gv 13,1*; *17,1.*
866 Cfr. *Lc 23,46*; *Gv 19,30.*
867 *Rm 6,4.*
868 Cfr. *Gv 20,22.*
869 *Gv 20,21*; cfr. *Mt 28,29*; *Lc 24,47-48*; *At 1,8*; CCC 730.
870 Cfr. *At 2,33-36*; CCC 731.
871 CCC 732.
872 UFFICO DELLE ORE BIZANTINO, *Vespri di Pentecoste*, Stico 4, 390.

5.5.2 Lo Spirito Santo: il Dono di Dio

«*Dio è amore*»[873] e l'amore è il primo dono, quello che contiene tutti gli altri. Questo amore, Dio l'ha «*riversato nei nostri cuori per mezzo dello Spirito Santo che ci è stato donato*»[874].

Poiché noi siamo morti o, almeno, feriti per il peccato, il primo effetto del dono dell'amore è la remissione dei nostri peccati. È «*la comunione dello Spirito Santo*»[875] che nella Chiesa ridona ai battezzati la somiglianza divina perduta a causa del peccato[876]. Egli dona allora la «caparra» o le «primizie» della nostra eredità[877]; la vita stessa della Santissima Trinità che consiste nell'amare come Egli ci ha amati[878]. Questo amore (la carità di *1 Cor 13*) è principio della vita nuova in Cristo, resa possibile dal fatto che abbiamo «*forza dallo Spirito Santo*»[879].

È per questa potenza dello Spirito che i figli di Dio possono portare frutto. Colui che ci ha innestati sulla "vera Vite", farà sì che portiamo il frutto dello Spirito che «*è amore, gioia, pace, pazienza, benevolenza, bontà, fedeltà, mitezza, dominio di sé*»[880]. Lo Spirito è la nostra vita; quanto più rinunciamo a noi stessi,[881] tanto più lo Spirito fa che anche operiamo[882]:

> «Con lo Spirito Santo, che rende spirituali, c'è la riammissione al paradiso, il ritorno alla condizione di figlio, il coraggio di chiamare Dio Padre, il diventare partecipe della grazia di Cristo, l'essere chiamato figlio della luce, il condividere la gloria eterna»[883].

5.5.3 Lo Spirito e la Chiesa

La missione di Cristo e dello Spirito Santo si compie nella Chiesa, corpo di Cristo e tempio dello Spirito Santo. Questa missione congiunta associa ormai i seguaci di Cristo alla sua comunione con il Padre nello Spirito Santo: lo Spirito prepara gli uomini, li previene con la sua grazia per attirarli a Cristo. Manifesta loro il Signore risorto, ricorda loro la sua Parola, apre il loro spirito all'intelligenza della sua morte e risurrezione. Rende loro presente il mistero di Cristo, soprattutto nell'Eucaristia, al fine di riconciliarli e di metterli in comunione con Dio perché portino «*molto frutto*»[884].

In questo modo la missione della Chiesa non si aggiunge a quella di Cristo e dello Spirito Santo, ma ne è il sacramento: con tutto il suo essere e in tutte le sue membra essa è inviata ad annunziare e testimoniare, attualizzare e diffondere il mistero della comunione della Santa Trinità[885]:

> «Noi tutti che abbiamo ricevuto l'unico e medesimo spirito, cioè lo Spirito Santo, siamo uniti tra di noi e con Dio. Infatti, sebbene, presi separatamente, siamo in molti e in ciascuno di noi Cristo faccia abitare lo Spirito del Padre e suo, tuttavia unico e indivisibile è lo Spirito. Egli riunisce nell'unità spiriti che tra loro sono distinti [...] e fa di tutti in se stesso un'unica e medesima cosa. Come la potenza della santa umanità di Cristo rende concorporei coloro nei quali si trova, allo stesso modo l'unico e indivisibile Spirito di Dio che abita in tutti conduce tutti all'unità spirituale»[886].

---

[873] *Gv 4,8.16.*
[874] *Rm 5,5*; CCC 733.
[875] *2 Cor 13,13.*
[876] CCC 734.
[877] Cfr. *Rm 8,23*; *2 Cor 1,22.*
[878] Cfr. *1 Gv 4,11-12.*
[879] *At 1,8*; CCC 735.
[880] *Gal 5,22-23.*
[881] Cfr. *Mt 16,24-26.*
[882] Cfr. *Gal 5,25*; CCC 737.
[883] BASILIO MAGNO, *Liber de Spiritu Sancto*, 15, 36: PG 32,132.
[884] Cfr. *Gv 15,5.8.16.*
[885] CCC 738.
[886] CIRILLO DI ALESSANDRIA, *Commentarius in Iohannem*, 11,11: PG 74,561.

Poiché lo Spirito Santo è l'unzione di Cristo, è Cristo, Capo del corpo, a diffonderlo nelle sue membra per nutrirle, guarirle, organizzarle nelle loro mutue funzioni, vivificarle, inviarle per la testimonianza, associarle alla sua offerta al Padre e alla sua intercessione per il mondo intero. È per mezzo dei sacramenti della Chiesa che Cristo comunica alle membra del suo corpo il suo Spirito Santo e santificatore[887].

Queste «meraviglie di Dio», offerte ai credenti nei sacramenti della Chiesa, portano i loro frutti nella vita nuova, in Cristo, secondo lo Spirito[888]. «*Lo Spirito viene in aiuto alla nostra debolezza, perché nemmeno sappiamo che cosa sia conveniente domandare, ma lo Spirito stesso intercede per noi, con gemiti inesprimibili*»[889].

Lo Spirito Santo, artefice delle opere di Dio, è il maestro della preghiera[890].

---

887 CCC 739.

888 CCC 740.

889 *Rm 8,26.*

890 CCC 741.

CAPITOLO SESTO

LA CHIESA POPOLO DI DIO

(CCC 748 - 975)

Credo la Chiesa, una santa cattolica e apostolica.
Professo un solo battesimo per il perdono dei peccati.

Con un testo dell'apostolo Pietro[891]		
Ὑμεῖς δὲ γένος ἐκλεκτόν, βασίλειον ἱεράτευμα, ἔθνος ἅγιον, λαὸς εἰς περιποίησιν, ὅπως τὰς ἀρετὰς ἐξαγγείλητε τοῦ ἐκ σκότους ὑμᾶς καλέσαντος εἰς τὸ θαυμαστὸν αὐτοῦ φῶς·	Vos autem genus electum, regale sacerdotium, gens sancta, populus acquisitionis, ut virtutes annuntietis eius, qui de tenebris vos vocavit in admirabile lumen suum.	Voi siete la stirpe eletta, il sacerdozio regale, la nazione santa, il popolo che Dio si è acquistato perché proclami le opere meravigliose di Lui che vi ha chiamato dalle tenebre alla sua ammirabile luce.

6.1 Credo la Chiesa Cattolica

Leggiamo all'inizio della Costituzione Dogmatica sul mistero della Chiesa del Concilio Ecumenico Vaticano II, la *Lumen gentium:*

> «Cristo è la luce delle genti, e questo sacro Concilio, adunato nello Spirito Santo, ardentemente desidera che la luce di Cristo, riflessa sul volto della Chiesa, illumini tutti gli uomini, annunziando il Vangelo a ogni creatura»[892].

Con queste parole, il Concilio indica che l'articolo di fede sulla Chiesa dipende interamente dagli articoli concernenti Gesù Cristo. La Chiesa non ha altra luce che quella di Cristo. Secondo un'immagine cara ai Padri della Chiesa, essa è simile alla luna, la cui luce è tutta riflesso del sole[893]. L'articolo sulla Chiesa dipende anche interamente da quello sullo Spirito Santo, che lo precede. «In quello, infatti, lo Spirito Santo ci appare come la fonte totale di ogni santità; in questo, il divino Spirito ci appare come la sorgente della santità della Chiesa»[894]. Secondo l'espressione dei Padri, la Chiesa è il luogo «dove fiorisce lo Spirito»[895].

Credere che la Chiesa è «Santa» e «Cattolica» e che è «Una» e «Apostolica» (come aggiunge il Simbolo niceno-costantinopolitano) è inseparabile dalla fede in Dio Padre, Figlio e Spirito Santo. Nel Simbolo degli Apostoli professiamo di credere la santa Chiesa («*Credo* [...] *Ecclesiam*»), e non nella Chiesa, per non confondere Dio con le sue opere e per attribuire chiaramente alla bontà di Dio tutti i doni che Egli ha riversato nella sua Chiesa[896].

---

891 *1 Pt 2,9.*
892 CONCILIO ECUMENICO VATICANO II, LG, 1.
893 CCC 749.
894 Cfr. CATECHISMO ROMANO, 1,10,1: op. cit., 104.
895 IPPOLITO DI ROMA, *Traditio apostolica*, 35: ed. B. Botte (Münster i.W. 1989), 82.
896 Cfr. CATECHISMO ROMANO, 1,10,22: op. cit., 118; CCC 750.

6.1.1 I nomi e le immagini della Chiesa

La parola «Chiesa» (*«ἐκκλησία»*, dal greco *«ἐκ-καλέιν»*: «chiamare fuori») significa «convocazione». Designa assemblee del popolo,[897] generalmente di carattere religioso. È il termine frequentemente usato nell'Antico Testamento greco per indicare l'assemblea del popolo eletto riunita davanti a Dio, soprattutto l'assemblea del Sinai, dove Israele ricevette la Legge e fu costituito da Dio come suo popolo santo[898]. Definendosi «Chiesa», la prima comunità di coloro che credevano in Cristo si riconosce erede di quell'assemblea. In essa, Dio «convoca» il suo da tutti i confini della terra[899].

Nella Sacra Scrittura troviamo molte immagini che evidenziano aspetti complementari del mistero della Chiesa. L'Antico Testamento privilegia immagini legate al popolo di Dio; il Nuovo Testamento quelle legate a Cristo come Capo di questo popolo, che è il suo Corpo, e quelle tratte dalla vita pastorale (ovile, gregge, pecore), agricola (campo, olivo, vigna), abitativa (dimora, pietra, tempio), familiare (sposa, madre, famiglia)[900].

6.1.2 Origine e compimento della Chiesa

La Chiesa è ad un tempo via e fine del disegno di Dio[901]: prefigurata nella creazione, preparata nell'Antica Alleanza, fondata dalle parole e dalle azioni di Gesù Cristo, realizzata mediante la sua croce redentrice e la sua risurrezione, essa è manifestata come mistero di salvezza con l'effusione dello Spirito Santo. Avrà il suo compimento nella gloria del cielo come assemblea di tutti i redenti della terra[902].

La Chiesa è ad un tempo visibile e spirituale, società gerarchica e corpo mistico di Cristo. È una, formata di un elemento umano e di un elemento divino. Questo è il suo mistero, che solo la fede può accogliere[903].

6.1.3 La missione della Chiesa

La missione della Chiesa è di annunziare e instaurare in mezzo a tutte le genti il Regno di Dio inaugurato da Gesù Cristo. Essa qui sulla terra costituisce il germe e l'inizio di questo Regno salvifico[904].

La Chiesa è in questo mondo il sacramento della salvezza, il segno e lo strumento della comunione di Dio e degli uomini[905].

> «O umiltà! O sublimità! Tabernacolo di Cedar, santuario di Dio; abitazione terrena, celeste reggia; dimora di fango, sala regale; corpo di morte, tempio di luce; infine, rifiuto per i superbi, ma sposa di Cristo! Bruna sei, ma bella, o figlia di Gerusalemme: se anche la fatica e il dolore del lungo esilio ti sfigurano, ti adorna tuttavia la bellezza celeste»[906].

---

[897] Cfr. *At 19,39*.
[898] Cfr. *Es 19*.
[899] CCC 751.
[900] CCC 753-757.
[901] CCC 778.
[902] Cfr. CCC 758-769.
[903] CCC 779.
[904] CCC 767-769.
[905] CCC 780.
[906] BERNARDO DI CHIARAVALLE, *In Canticum sermo*, 27, 7,14: *Opera*, J. LECLERCQ – C.H. TALBOT – H. ROCHAIS, vol. I, Roma 1957, 191.

6.1.4 La Chiesa «mistero dell'unione degli uomini con Dio»

La Chiesa è Mistero in quanto nella sua realtà visibile è presente e operante una realtà spirituale, divina, che si scorge unicamente con gli occhi della fede[907].

È nella Chiesa che Cristo compie e rivela il suo proprio mistero come il fine del disegno di Dio: «*ricapitolare in Cristo tutte le cose*»[908]. San Paolo chiama «*mistero grande*»[909] l'unione sponsale di Cristo con la Chiesa[910]. Poiché la Chiesa è unita a Cristo come al suo Sposo,[911] diventa essa stessa a sua volta mistero. Contemplando in essa il mistero, san Paolo scrive: «*Cristo in voi, speranza della gloria*»[912].

Nella Chiesa questa comunione degli uomini con Dio mediante la carità che «*non avrà mai fine*»[913] è lo scopo cui tende tutto ciò che in essa è mezzo sacramentale, legato a questo mondo destinato a passare[914]. «La sua struttura è completamente ordinata alla santità delle membra di Cristo[915]. E la santità si misura secondo il "grande mistero", nel quale la Sposa risponde col dono dell'amore al dono dello Sposo»[916]. Maria precede tutti noi sulla via verso la santità che è il mistero della Chiesa in quanto Sposa senza macchia né ruga[917]. Per questo motivo «la dimensione mariana della Chiesa precede la sua dimensione petrina»[918].

6.1.5 La Chiesa «sacramento universale di salvezza»

Quando la si considera sotto quest'aspetto, si fa riferimento al fatto che la Chiesa è segno e strumento della riconciliazione e della comunione di tutta l'umanità con Dio e dell'unità di tutto il genere umano[919].

La parola greca «*μυστήριον*» è stata tradotta in latino con due termini: "*mysterium*" e "*sacramentum*". Nell'interpretazione ulteriore, il termine «*sacramentum*» esprime più precisamente il segno visibile della realtà nascosta della salvezza, indicata dal termine «*mysterium*». In questo senso, Cristo stesso è il mistero della salvezza: «*Non est enim aliud Dei mysterium, nisi Christus* - Non v'è altro mistero di Dio, se non Cristo».[920] L'opera salvifica della sua umanità santa e santificante è il sacramento della salvezza che si manifesta e agisce nei sacramenti della Chiesa (che le Chiese d'Oriente chiamano anche «i santi misteri»). I sette sacramenti sono i segni e gli strumenti mediante i quali lo Spirito Santo diffonde la grazia di Cristo, che è il Capo, nella Chiesa, che è il suo corpo. La Chiesa, dunque, contiene e comunica la grazia invisibile che essa significa. È in questo senso analogico che viene chiamata «sacramento»[921].

«La Chiesa è in Cristo come sacramento, cioè segno e strumento dell'intima unione con Dio e dell'unità di tutto il genere umano»[922]. Essere il sacramento dell'intima unione degli uomini con Dio: ecco il primo fine della Chiesa. Poiché la comunione tra gli uomini si radica nell'unione con Dio, la Chiesa è anche il sacramento dell'unità del genere umano. In essa, tale unità è già iniziata

---

907 Cfr. CCC 770-779.
908 *Ef 1,10.*
909 *Ef* 5,32.
910 CCC 772.
911 Cfr. *Ef 5,25-27.*
912 *Col 1,27.*
913 *1 Cor 13,8.*
914 Cfr. CONCILIO ECUMENICO VATICANO II, LG, 48.
915 CCC 773.
916 GIOVANNI PAOLO II, *Mulieris dignitatem.* Lettera apostolica sulla dignità e la vocazione della donna, 15.08.1988, 27.
917 Cfr. *Ef 5,27.*
918 GIOVANNI PAOLO II, *Mulieris dignitatem*, op. cit., 27, nota 55.
919 Cfr. 774-780.
920 AGOSTINO D'IPPONA, *Epistula* CLXXXVII,11,34: PL 33, 845.
921 CCC 774.
922 CONCILIO ECUMENICO VATICANO II, LG 1.

poiché essa raduna uomini «*di ogni nazione, razza, popolo e lingua*»[923]; nello stesso tempo, la Chiesa è «segno e strumento» della piena realizzazione di questa unità che deve ancora compiersi[924].

In quanto sacramento, la Chiesa è strumento di Cristo[925]. Nelle Sue mani essa è lo «strumento della redenzione di tutti»[926], «il sacramento universale della salvezza»[927], attraverso il quale Cristo «svela e insieme realizza il mistero dell'amore di Dio verso l'uomo»[928]. Essa «è il progetto visibile dell'amore di Dio per l'umanità»[929], progetto che vuole «la costituzione di tutto il genere umano nell'unico popolo di Dio, la sua riunione nell'unico corpo di Cristo, la sua edificazione nell'unico tempio dello Spirito Santo»[930].

6.2 La Chiesa: Popolo di Dio, Corpo di Cristo, Tempio dello Spirito Santo

6.2.1 La Chiesa: Popolo di Dio

La Chiesa è il popolo di Dio perché a Lui piacque santificare e salvare gli uomini non isolatamente, ma costituendoli in un solo popolo, adunato dall'unità del Padre e del Figlio e dello Spirito Santo[931].

> «In ogni tempo e in ogni nazione è accetto a Dio chiunque lo teme e opera la sua giustizia[932]. Tuttavia piacque a Dio di santificare e salvare gli uomini non individualmente e senza alcun legame tra loro, ma volle costituire di loro un popolo, che lo riconoscesse nella verità e santamente lo servisse. Si scelse quindi per sé il popolo israelita, stabilì con lui un'alleanza e lo formò progressivamente [...]. Tutto questo però avvenne in preparazione e in figura di quella nuova e perfetta Alleanza che doveva concludersi in Cristo [...] cioè la Nuova Alleanza nel suo sangue, chiamando gente dai Giudei e dalle nazioni, perché si fondesse in unità non secondo la carne, ma nello Spirito»[933].

6.2.1.1 Le caratteristiche del Popolo di Dio

Questo popolo, di cui si diviene membri mediante la fede in Cristo e il Battesimo, ha per origine Dio Padre, per capo Gesù Cristo, per condizione la dignità e la libertà dei figli di Dio, per legge il comandamento nuovo dell'amore, per missione quella di essere il sale della terra e la luce del mondo, per fine il Regno di Dio, già iniziato in terra[934].

Il popolo di Dio presenta caratteristiche che lo distinguono nettamente da tutti i raggruppamenti religiosi, etnici, politici o culturali della storia[935]:

- è il popolo di Dio: Dio non appartiene in proprio ad alcun popolo. Ma Egli si è acquistato un popolo da coloro che un tempo erano non-popolo: «*la stirpe eletta, il sacerdozio regale, la nazione santa*»[936];
- si diviene membri di questo popolo non per la nascita fisica, ma per la «*nascita dall'alto*»,

---

923 *Ap 7,9.*
924 CCC 775.
925 CCC 776.
926 CONCILIO ECUMENICO VATICANO II, LG, 9.
927 *Ibidem*, 48.
928 Cfr. IDEM, GS, 45.
929 PAOLO VI, *Discorso al Sacro Collegio dei Cardinali*, 22.06.1973: AAS 65 (1973) 391.
930 CONCILIO ECUMENICO VATICANO II, AG, 7; cfr. IDEM, LG, 17.
931 Cfr. 781-804.
932 Cfr. *At 10,35*; CCC 781.
933 CONCILIO ECUMENICO VATICANO II, LG, 9.
934 CCC 782.
935 CCC 782.
936 *1 Pt 2,9.*

«dall'acqua e dallo Spirito»[937], cioè mediante la fede in Cristo e il Battesimo;
- questo popolo ha per Capo Gesù Cristo (Unto, Messia): poiché la medesima unzione, lo Spirito Santo, scorre dal Capo al corpo, esso è «il popolo messianico»;
- «questo popolo ha per condizione la dignità e la libertà dei figli di Dio, nel cuore dei quali dimora lo Spirito Santo come nel suo tempio»[938];
- «ha per legge il nuovo precetto di amare come lo stesso Cristo ci ha amati»[939]: è la legge «nuova» dello Spirito Santo[940];
- ha per missione di essere il sale della terra e la luce del mondo [941]. «Costituisce per tutta l'umanità un germe validissimo di unità, di speranza e di salvezza»[942];
- «e, da ultimo, ha per fine il regno di Dio, incominciato in terra dallo stesso Dio, e che deve essere ulteriormente dilatato, finché alla fine dei secoli sia da lui portato a compimento»[943].

6.2.1.2 Un popolo sacerdotale, profetico e regale

Gesù Cristo è Colui che il Padre ha unto con lo Spirito Santo e ha costituito «Sacerdote, Profeta e Re»[944]. L'intero popolo di Dio partecipa a queste tre funzioni di Cristo e porta le responsabilità di missione e di servizio che ne derivano.[945]

Il popolo di Dio partecipa all'ufficio *sacerdotale* di Cristo, in quanto i battezzati vengono consacrati dallo Spirito Santo per offrire sacrifici spirituali; partecipa al suo ufficio *profetico*, in quanto con il senso soprannaturale della fede aderisce indefettibilmente ad essa, l'approfondisce e la testimonia; partecipa al suo ufficio *regale* col servizio, imitando Gesù Cristo, che, Re dell'universo, si fece servo di tutti, soprattutto dei poveri e dei sofferenti[946].

Entrando nel popolo di Dio mediante la fede e il Battesimo, si è resi partecipi della vocazione unica di questo popolo, la vocazione sacerdotale: «Cristo Signore, Pontefice assunto di mezzo agli uomini, fece del nuovo popolo "un regno e dei sacerdoti per Dio, suo Padre"[947]. Infatti, per la rigenerazione e l'unzione dello Spirito Santo i battezzati vengono consacrati a formare una dimora spirituale e un sacerdozio santo»[948].

«Il popolo santo di Dio partecipa pure alla funzione profetica di Cristo»[949]. Ciò soprattutto per il senso soprannaturale della fede che è di tutto il popolo, laici e gerarchia, quando «aderisce indefettibilmente alla fede una volta per tutte trasmessa ai santi»[950] e ne approfondisce la comprensione e diventa testimone di Cristo in mezzo a questo mondo.

Il popolo di Dio partecipa infine alla funzione regale di Cristo[951]. Cristo esercita la sua regalità attirando a sé tutti gli uomini mediante la sua morte e la sua risurrezione[952]. Cristo, Re e Signore dell'universo, si è fatto il servo di tutti, non essendo *«venuto per essere servito, ma per servire e dare la sua vita in riscatto per molti»*[953]. Per il cristiano «regnare» è «servire» Cristo[954],

---

937 *Gv 3,3-5.*
938 CONCILIO ECUMENICO VATICANO II, LG, 9.
939 *Ibidem*; cf *Gv 13,34.*
940 Cfr. *Rm 8,2*; *Gal 5,25.*
941 Cfr. *Mt 5,13-16.*
942 CONCILIO ECUMENICO VATICANO II, LG, 9.
943 *Ibidem.*
944 CCC 783.
945 Cfr. GIOVANNI PAOLO II, *Redemptor hominis.* Lettera enciclica,04.03.1979,18-21.
946 Cfr. CCC 783-786.
947 CCC 784.
948 CONCILIO ECUMENICO VATICANO II, LG, 10.
949 CCC 785.
950 CONCILIO ECUMENICO VATICANO II, LG, 12.
951 CCC 786.
952 Cfr. *Gv 12,32.*
953 *Mt 20,28.*
954 CONCILIO ECUMENICO VATICANO II, LG, 36.

soprattutto «nei poveri e nei sofferenti», nei quali la Chiesa riconosce «l'immagine del suo Fondatore, povero e sofferente»[955]. Il popolo di Dio realizza la sua «dignità regale» vivendo conformemente a questa vocazione di servire con Cristo.

> «Tutti quelli che sono rinati in Cristo conseguono dignità regale per il segno della croce. Con l'unzione dello Spirito Santo sono consacrati sacerdoti. Non c'è quindi solo quel servizio specifico proprio del nostro ministero, perché tutti i cristiani, rivestiti di un carisma spirituale e usando della loro ragione, si riconoscono membra di questa stirpe regale e partecipi della funzione sacerdotale. Non è forse funzione regale il fatto che un'anima governi il suo corpo in sottomissione a Dio? Non è forse funzione sacerdotale consacrare al Signore una coscienza pura e offrirgli sull'altare del proprio cuore i sacrifici immacolati del nostro culto?»[956].

6.2.2 La Chiesa: Corpo di Cristo

Per mezzo dello Spirito, Cristo morto e risorto unisce a sé intimamente i suoi fedeli. In tal modo i credenti in Cristo, in quanto stretti a lui soprattutto nell'Eucaristia, sono uniti tra loro nella carità, formando un solo corpo, la Chiesa, la cui unità si realizza nella diversità di membra e di funzioni[957].

Fin dall'inizio[958], Gesù ha associato i suoi discepoli alla sua vita[959]; ha loro rivelato il mistero del Regno[960]; li ha resi partecipi della sua missione, della sua gioia[961] e delle sue sofferenze[962]. Gesù parla di una comunione ancora più intima tra sé e coloro che lo seguiranno: «*Rimanete in me e io in voi.* [...] *Io sono la vite, voi i tralci*»[963]. Annunzia inoltre una comunione misteriosa e reale tra il suo proprio corpo e il nostro: «*Chi mangia la mia carne e beve il mio sangue dimora in me e io in lui*»[964].

I credenti che rispondono alla Parola di Dio e diventano membra del corpo di Cristo[965], vengono strettamente uniti a Cristo: «In quel corpo la vita di Cristo si diffonde nei credenti che attraverso i sacramenti vengono uniti in modo arcano ma reale a Cristo che ha sofferto ed è stato glorificato»[966]. Ciò è particolarmente vero del Battesimo, in virtù del quale siamo uniti alla morte e alla risurrezione di Cristo[967], e dell'Eucaristia, mediante la quale «partecipando realmente al Corpo del Signore, siamo elevati alla comunione con lui e tra di noi»[968].

6.2.2.1 «Capo di questo corpo è Cristo»

Cristo «è il Capo del corpo, cioè della Chiesa»[969]. È il Principio della creazione e della redenzione. Elevato alla gloria del Padre, ha «*il primato su tutte le cose*»[970], principalmente sulla Chiesa, per mezzo della quale estende il suo regno su tutte le cose[971].

---

955 *Ibidem*, 8.
956 LEONE MAGNO, *Sermo* 4,1: PL 54,149.
957 Cfr. CCC 787-806.
958 CCC 787.
959 Cfr. *Mc 1,16-20; 3,13-19.*
960 Cfr. *Mt 13,10-17.*
961 Cfr. *Lc 10,17-20.*
962 Cfr. *Lc 22,28-30.*
963 *Gv 15,4-5.*
964 *Gv 6,56.*
965 CCC 790.
966 CONCILIO ECUMENICO VATICANO II, LG, 7.
967 Cfr. *Rm* 6,4-5; *1* Cor *12,13.*
968 CONCILIO ECUMENICO VATICANO II, LG, 7.
969 *Col 1,18.*
970 *Idem.*
971 CCC 792.

Egli ci unisce alla sua Pasqua[972]. Tutte le membra devono sforzarsi di conformarsi a Lui finché in esse «non sia formato Cristo»[973]. «Per questo siamo assunti ai misteri della sua vita. [...] Come il corpo al Capo veniamo associati alle sue sofferenze e soffriamo con Lui per essere con Lui glorificati»[974].

Egli provvede alla nostra crescita[975]. Per farci crescere verso di Lui, nostro Capo[976], Cristo dispone nel suo corpo, la Chiesa, i doni e i ministeri attraverso i quali noi ci aiutiamo reciprocamente lungo il cammino della salvezza[977].

Cristo e la Chiesa formano, dunque, il «Cristo totale» («*Christus totus*»). La Chiesa è una con Cristo[978]. I santi hanno una coscienza vivissima di tale unità:

> «Rallegriamoci, rendiamo grazie a Dio, non soltanto perché ci ha fatti diventare cristiani, ma perché ci ha fatto diventare Cristo stesso. Vi rendete conto, fratelli, di quale grazia ci ha fatto Dio, donandoci Cristo come Capo? Esultate, gioite, siamo divenuti Cristo. Se egli è il Capo, noi siamo le membra: siamo un uomo completo, Egli e noi. [...] Pienezza di Cristo: il Capo e le membra. Quale è la Testa e quali sono le membra? Cristo e la Chiesa»[979].

> «*Redemptor noster unam se personam cum sancta Ecclesia, quam assumpsit, exhibuit* – Il nostro Redentore presentò se stesso come unica persona unita alla santa Chiesa, da Lui assunta»[980].

> «*Caput et membra, quasi una persona mystica* – Capo e membra sono, per così dire, una sola persona mistica»[981].

6.2.2.2 La Chiesa Sposa di Cristo

Possiamo considerare la Chiesa «sposa di Cristo», perché il Signore stesso si è definito come lo «Sposo»[982] che ha amato la Chiesa, unendola a sé con un'Alleanza eterna. Egli ha dato se stesso per lei, per purificarla con il suo sangue e «renderla santa»[983], madre feconda di tutti i figli di Dio. Mentre il termine «corpo» evidenzia l'unità del «capo» con le membra, il termine «sposa» mette in risalto la distinzione dei due in relazione personale[984].

> «Ecco il Cristo totale, capo e corpo, uno solo formato da molti. [...] Sia il capo a parlare, o siano le membra, è sempre Cristo che parla: parla nella persona del capo [«*ex persona capitis*»], parla nella persona del corpo [«*ex persona corporis*»]. Che cosa, infatti, sta scritto? "Saranno due in una carne sola. Questo mistero è grande; lo dico in riferimento a Cristo e alla Chiesa"[985]. E Cristo stesso nel Vangelo: "Non sono più due, ma una carne sola"[986]. Difatti, come ben sapete, queste persone sono sì due, ma poi diventano una sola nell'unione sponsale, [...] Dice di essere "sposo" in quanto capo, e "sposa" in quanto corpo»[987].

---

972 CCC 793.
973 *Gal 4,19.*
974 CONCILIO ECUMENICO VATICANO II, LG, 7.
975 Cfr. *Col 2,19.*
976 Cfr. *Ef 4,11-16.*
977 CCC 794.
978 CCC 795.
979 AGOSTINO D'IPPONA, *In Evangelium Johamnis tractatus*, 21, 8.
980 GREGORIO MAGNO, *Moralia in Job*, praef., 1, 6, 4: PL 75, 25A.
981 TOMMASO D'AQUINO, *Summa Theologiae*, III, q. 48, a. 2, ad 1.
982 *Mc 2,19.*
983 *Ef 5,26.*
984 Cfr. CCC 796-808.
985 *Ef 5,31-32.*
986 *Mt 19,6.*
987 AGOSTINO D'IPPONA, *Enarratio in Psalmum* LXXIV,4: PL 37, 948-949.

6.2.3 La Chiesa: Tempio dello Spirito Santo

La Chiesa è «Tempio dello Spirito Santo», perché è lo stesso Spirito che risiede nel corpo che è la Chiesa: nel suo Capo e nelle sue membra. Egli, inoltre, edifica la Chiesa nella carità con la Parola di Dio, i sacramenti, le virtù e i carismi[988]:

> «*Quod est spiritus noster, id est anima nostra, ad membra nostra, hoc est Spiritus Sanctus ad membra Christi, ad corpus Christi, quod est Ecclesia* – quello che il nostro spirito, ossia la nostra anima, è per le nostre membra, lo stesso è lo Spirito Santo per le membra di Cristo, per il corpo di Cristo, che è la Chiesa»[989].

Scriveva papa Pio XII:

> «Bisogna attribuire allo Spirito di Cristo, come ad un principio nascosto, il fatto che tutte le parti del corpo siano unite tanto fra loro quanto col loro sommo Capo, poiché Egli risiede tutto intero nel Capo, tutto intero nel corpo, tutto intero in ciascuna delle sue membra»[990].

Lo Spirito Santo fa della Chiesa «*il tempio del Dio vivente*»[991]. Con le parole di sant'Ireneo:

> «È alla Chiesa che è stato affidato il dono di Dio. [...] In essa è stata posta la comunione con Cristo, cioè lo Spirito Santo, caparra dell'incorruttibilità, confermazione della nostra fede, scala per ascendere a Dio. [...] Infatti, dove è la Chiesa, ivi è anche lo Spirito di Dio e dove è lo Spirito di Dio, ivi è la Chiesa e ogni grazia»[992].

Lo Spirito Santo[993] è «il principio di ogni azione vitale e veramente salvifica in ciascuna delle diverse membra del corpo»[994]. Egli opera in molti modi l'edificazione dell'intero corpo nella carità[995]: mediante la Parola di Dio «*che ha il potere di edificare*»[996] mediante il Battesimo con il quale forma il corpo di Cristo[997]; mediante i Sacramenti che fanno crescere e guariscono le membra di Cristo; mediante la grazia degli Apostoli che, fra i vari doni, viene al primo posto[998]; mediante le virtù che fanno agire secondo il bene, e infine mediante le molteplici grazie speciali (chiamate «carismi»), con le quali rende i fedeli «adatti e pronti ad assumersi varie opere o uffici, utili al rinnovamento della Chiesa e allo sviluppo della sua costruzione»[999].

I carismi sono doni speciali dello Spirito Santo elargiti ai singoli per il bene degli uomini, per le necessità del mondo e in particolare per l'edificazione della Chiesa, al cui Magistero spetta il loro discernimento[1000].

Straordinari o semplici e umili, i carismi sono grazie dello Spirito Santo che, direttamente o indirettamente, hanno un'utilità ecclesiale, ordinati come sono all'edificazione della Chiesa, al bene degli uomini e alle necessità del mondo[1001].

---

988 Cfr. CCC 797-798; 809-810.
989 AGOSTINO D'IPPONA, *Sermo* 268, 2: PL 38, 1232.
990 PIO XII, *Mystici corporis*. Lettera enciclica, 29.06.1943: DS 3808.
991 *2 Cor 6,16*; Cfr. *1 Cor 3,16-17*; *Ef* 2,21.
992 IRENEO DI LIONE, *Adversus haereses,* 3, 24,1: PG 7, 966.
993 CCC 798.
994 PIO XII, *Mystici corporis, op. cit.*
995 Cfr. *Ef 4,16.*
996 *At 20,32.*
997 Cfr. *1 Cor 12,13.*
998 Cfr. CONCILIO ECUMENICO VATICANO II, LG, 7.
999 IDEM, 12; IDEM, AA, 3.
1000 Cfr. CCC 799-801.
1001 CCC 799.

6.3 La Chiesa è Una, Santa, Cattolica e Apostolica

6.3.1 La Chiesa è Una

La Chiesa è *una*[1002] perché ha come origine e modello l'unità nella natura di un solo Dio, che è in Tre Persone uguali e distinte. Come fondatore e capo è Gesù Cristo che ristabilisce l'unità di tutti i popoli in un solo corpo. Come anima è lo Spirito Santo che unisce tutti i fedeli nella Comunione in Cristo. Essa ha una sola fede, una sola vita sacramentale, un'unica successione apostolica, una comune speranza e la stessa carità[1003].

«Questa è l'unica Chiesa di Cristo, che nel Simbolo professiamo una, santa, cattolica e apostolica»[1004]. Questi quattro attributi, legati inseparabilmente tra di loro[1005], indicano tratti essenziali della Chiesa e della sua missione. La Chiesa non se li conferisce da se stessa; è Cristo che, per mezzo dello Spirito Santo, concede alla sua Chiesa di essere una, santa, cattolica e apostolica, ed è ancora lui che la chiama a realizzare ciascuna di queste caratteristiche[1006]. Scriveva Clemente Alessandrino:

> «Che stupendo mistero! Vi è un solo Padre dell'universo, un solo Logos dell'universo e anche un solo Spirito Santo, ovunque identico; vi è anche una sola Vergine divenuta Madre, e io amo chiamarla Chiesa»[1007].

«L'unica Chiesa di Cristo...» è quella «che il Salvatore nostro, dopo la sua risurrezione, diede da pascere a Pietro, affidandone a lui e agli altri Apostoli la diffusione e la guida [...][1008]. Questa Chiesa, in questo mondo costituita e organizzata come una società, sussiste [«*subsistit in*»] nella Chiesa cattolica, governata dal Successore di Pietro e dai Vescovi in comunione con lui»[1009].

Il decreto sull'Ecumenismo del Concilio Vaticano II esplicita:

> «Solo per mezzo della cattolica Chiesa di Cristo, che è lo strumento generale della salvezza, si può ottenere tutta la pienezza dei mezzi di salvezza. In realtà al solo collegio apostolico con a capo Pietro crediamo che il Signore ha affidato tutti i beni della Nuova Alleanza, per costituire l'unico corpo di Cristo sulla terra, al quale bisogna che siano pienamente incorporati tutti quelli che già in qualche modo appartengono al popolo di Dio»[1010].

6.3.1.1 Le ferite dell'unità

Di fatto, «in questa Chiesa di Dio una e unica sono sorte fin dai primissimi tempi alcune scissioni, che l'Apostolo riprova con gravi parole come degne di condanna[1011]; ma nei secoli posteriori sono nati dissensi più ampi e comunità non piccole si sono staccate dalla piena comunione della Chiesa cattolica, talora non senza colpa di uomini d'entrambe le parti»[1012]. Le scissioni che feriscono l'unità del corpo di Cristo (cioè l'eresia, l'apostasia e lo scisma)[1013] non avvengono senza i peccati degli uomini:

1002 La Basilica Maggiore di San Giovanni in Laterano a Roma, in quanto cattedra del Papa, Successore di Pietro, segno visibile dell'unità della Chiesa, è espressione della prima caratteristica della Chiesa: la sua «unità».
1003 Cfr. CCC 813-815; 866.
1004 CONCILIO ECUMENICO VATICANO II, LG, 8.
1005 Cfr. CONGREGAZIONE PER LA DOTTRINA DELLA FEDE, *Lettera ai Vescovi d'Inghilterra*, 14.09.1864: DS 2888.
1006 CCC 811.
1007 CLEMENTE D'ALESSANDRIA, *Paedagogus*, 1, 6,42: PG 8, 300.
1008 CCC 816.
1009 CONCILIO ECUMENICO VATICANO II, LG, 8.
1010 IDEM, UR, 3.
1011 CCC 817.
1012 CONCILIO ECUMENICO VATICANO II, UR, 3.
1013 Cfr. CIC, canone 751.

«Dove c'è il peccato, lì troviamo la molteplicità, lì gli scismi, lì le eresie, lì le controversie. Dove, invece, regna la virtù, lì c'è unità, lì comunione, grazie alle quali tutti i credenti erano un cuor solo e un'anima sola[1014].

Coloro che oggi nascono in comunità sorte da tali scissioni[1015] «e sono istruiti nella fede di Cristo [...] non possono essere accusati del peccato di separazione, e la Chiesa cattolica li abbraccia con fraterno rispetto e amore. [...] Giustificati nel Battesimo dalla fede, sono incorporati a Cristo e perciò sono a ragione insigniti del nome di cristiani e dai figli della Chiesa cattolica sono giustamente riconosciuti come fratelli nel Signore»[1016].

6.3.2 La Chiesa è Santa

La Chiesa è *santa*[1017], in quanto Dio Santissimo è il suo autore; Cristo ha dato se stesso per lei, per santificarla e renderla santificante; lo Spirito Santo la vivifica con la carità. In essa si trova la pienezza dei mezzi di salvezza. La santità è la vocazione di ogni suo membro e il fine di ogni sua attività. La Chiesa annovera al suo interno la Vergine Maria e innumerevoli Santi, quali modelli e intercessori. La santità della Chiesa è la sorgente della santificazione dei suoi figli, i quali, qui sulla terra, si riconoscono tutti peccatori, sempre bisognosi di conversione e di purificazione[1018].

«Noi crediamo che la Chiesa [...] è indefettibilmente santa. Infatti Cristo, Figlio di Dio, il quale col Padre e lo Spirito è proclamato "il solo Santo", ha amato la Chiesa come sua Sposa e ha dato se stesso per essa, al fine di santificarla, e l'ha unita a sé come suo corpo e l'ha riempita col dono dello Spirito Santo, per la gloria di Dio»[1019]. La Chiesa è dunque «il popolo santo di Dio»[1020] e i suoi membri sono chiamati «santi»[1021].

La Chiesa, unita a Cristo, da Lui è santificata; per mezzo di Lui e in Lui diventa anche santificante[1022]. Tutte le attività della Chiesa convergono, come a loro fine, «verso la santificazione degli uomini e la glorificazione di Dio in Cristo»[1023]. È nella Chiesa che si trova «tutta la pienezza dei mezzi di salvezza»[1024]; è in essa che «per mezzo della grazia di Dio acquistiamo la santità»[1025].

«La Chiesa già sulla terra è adornata di una santità vera, anche se imperfetta»[1026]. Nei suoi membri, la santità perfetta deve ancora essere raggiunta[1027]. «Muniti di tanti e così mirabili mezzi di salvezza, tutti i fedeli d'ogni stato e condizione sono chiamati dal Signore, ognuno per la sua via, a quella perfezione di santità di cui è perfetto il Padre celeste»[1028].

La carità è l'anima della santità alla quale tutti sono chiamati[1029]: essa «dirige tutti i mezzi di santificazione, dà loro forma e li conduce al loro fine»[1030].

Scriveva la Patrona delle missioni, dottore della Chiesa:

1014 ORIGENE D'ALESSANDRIA, *In Ezechielem homilia*, 9,1: PG 13, 732.

1015 CCC 818.

1016 CONCILIO ECUMENICO VATICANO II, UR, 3.

1017 La Basilica Maggiore liberiana di Santa Maria Maggiore sull'Esquilino a Roma, costruita per esaltare la Tutta Santa Vergine Maria, membro eminente e modello della Chiesa, è espressione della seconda caratteristica della Chiesa: la sua «santità».

1018 Cfr. CCC 823-829; 867.

1019 CONCILIO ECUMENICO VATICANO II, LG, 39.

1020 IDEM, 12.

1021 Cfr. *At 9,13*; *1 Cor 6,1*; *16,1*.

1022 CCC 824.

1023 CONCILIO ECUMENICO VATICANO II, SC, 10.

1024 IDEM, UR, 3.

1025 IDEM, LG, 48.

1026 *Ibidem*.

1027 CCC 825.

1028 CONCILIO ECUMENICO VATICANO II, LG, 11.

1029 CCC 826.

1030 CONCILIO ECUMENICO VATICANO II, LG, 42.

> «Capii, che se la Chiesa aveva un corpo, composto, da diverse membra, il più necessario, il più nobile di tutti non le mancava: capii che la Chiesa aveva un Cuore e che questo Cuore era acceso d'Amore. Capii che solo l'Amore faceva agire le membra della Chiesa: che se l'Amore si dovesse spegnere, gli Apostoli non annuncerebbero più il Vangelo, i Martiri rifiuterebbero di versare il loro sangue... Capii che l'Amore racchiudeva tutte le Vocazioni, che l'Amore era tutto, che abbracciava tutti i tempi e tutti i luoghi!... Insomma che è Eterno!...»[1031].

«Mentre Cristo "santo, innocente, immacolato", non conobbe il peccato, ma venne allo scopo di espiare i soli peccati del popolo, la Chiesa che comprende nel suo seno i peccatori, santa e insieme sempre bisognosa di purificazione, incessantemente si applica alla penitenza e al suo rinnovamento»[1032].
Tutti i membri della Chiesa, compresi i suoi ministri, devono riconoscersi peccatori[1033]. In tutti, sino alla fine dei tempi, la zizzania del peccato si trova ancora mescolata al buon grano del Vangelo[1034]. La Chiesa raduna dunque peccatori raggiunti dalla salvezza di Cristo, ma sempre in via di santificazione[1035].
Scriveva san Paolo VI:

> «La Chiesa è santa, pur comprendendo nel suo seno dei peccatori, giacché essa non possiede altra vita se non quella della grazia: appunto vivendo della sua vita, i suoi membri si santificano, come, sottraendosi alla sua vita, cadono nei peccati e nei disordini, che impediscono l'irradiazione della sua santità. Perciò la Chiesa soffre e fa penitenza per tali peccati, da cui peraltro ha il potere di guarire i suoi figli con il sangue di Cristo e il dono dello Spirito Santo»[1036].

Canonizzando alcuni fedeli[1037], ossia proclamando solennemente che tali fedeli hanno praticato in modo eroico le virtù e sono vissuti nella fedeltà alla grazia di Dio, la Chiesa riconosce la potenza dello Spirito di santità che è in lei, e sostiene la speranza dei fedeli offrendo loro i santi quali modelli e intercessori[1038]. «I santi e le sante sono sempre stati sorgente e origine di rinnovamento nei momenti più difficili della storia della Chiesa»[1039]. Infatti, «la santità è la sorgente segreta e la misura infallibile della sua attività apostolica e del suo slancio missionario»[1040].

«Mentre la Chiesa ha già raggiunto nella beatissima Vergine la perfezione che la rende senza macchia e senza ruga, i fedeli si sforzano ancora di crescere nella santità debellando il peccato; e per questo innalzano gli occhi a Maria»[1041]: in lei la Chiesa è già tutta santa[1042].

6.3.3. La Chiesa è Cattolica

La Chiesa è *cattolica*[1043], cioè universale, in quanto in essa è presente Cristo: «Là dove è Cristo Gesù, ivi è la Chiesa cattolica» (sant'Ignazio di Antiochia). Essa annunzia la totalità e l'integrità della fede; porta e amministra la pienezza dei mezzi di salvezza; è inviata in missione a tutti i popoli in ogni tempo e a qualsiasi cultura appartengano[1044].

[1031] TERESA DI GESÙ BAMBINO, *Manoscritto B*, in *Opere complete*, vol. III, Città del Vaticano 1997, 223.
[1032] CONCILIO ECUMENICO VATICANO II, LG, 8; cfr. IDEM, UR, 3; *Ibidem*, 6.
[1033] Cfr. *1 Gv 1,8-10.*
[1034] Cfr. *Mt 13,24-30.*
[1035] CCC 827.
[1036] PAOLO VI, *Credo del popolo di Dio*, 19: AAS 60 (1968) 440.
[1037] CCC 828.
[1038] Cfr. CONCILIO ECUMENICO VATICANO II, LG, 40; *Ibidem*, 48-51.
[1039] GIOVANNI PAOLO II, *Christifideles laici.* Esortazione apostolica post-sinodale, 30.12.1988, 16.
[1040] *Ibidem*, 17.
[1041] CONCILIO ECUMENICO VATICANO II, LG, 65.
[1042] CCC 829.
[1043] La Basilica Maggiore di San Paolo fuori le Mura sulla via Ostiense a Roma, innalzata in onore dell'Apostolo delle Genti, è espressione della terza caratteristica della Chiesa: la sua «cattolicità».
[1044] Cfr. CCC 830-831; 868.

Così il Concilio Vaticano II:

«Tutti, gli uomini sono chiamati a formare il nuovo popolo di Dio. Perciò questo popolo, restando uno e unico, si deve estendere a tutto il mondo e a tutti i secoli, affinché si adempia l'intenzione della volontà di Dio, il quale in principio ha creato la natura umana una, e volle radunare insieme infine i suoi figli, che si erano dispersi [...] Questo carattere di universalità che adorna il popolo di Dio, è un dono dello stesso Signore, e con esso la Chiesa cattolica efficacemente e senza soste tende a ricapitolare tutta l'umanità, con tutti i suoi beni, in Cristo Capo nell'unità del suo Spirito»[1045].

6.3.3.1 Ogni Chiesa particolare è «cattolica»

È cattolica ogni Chiesa *particolare* (cioè la *diocesi* e *l'eparchia*), formata dalla comunità dei cristiani che sono in comunione nella fede e nei sacramenti, con il loro Vescovo ordinato nella successione apostolica, e con la Chiesa di Roma, che «presiede nella carità» (sant'Ignazio di Antiochia)[1046].

Le Chiese particolari sono pienamente cattoliche per la comunione con una di loro: la Chiesa di Roma[1047], «che presiede alla carità»[1048]. «È sempre stato necessario che ogni Chiesa, cioè i fedeli di ogni luogo, si volgesse alla Chiesa romana in forza del suo sacro primato»[1049]. «Infatti, dalla discesa del Verbo Incarnato verso di noi, tutte le Chiese cristiane sparse in ogni luogo hanno ritenuto e ritengono la grande Chiesa che è qui [a Roma] come unica base e fondamento perché, secondo le promesse del Salvatore, le porte degli inferi non hanno mai prevalso su di essa»[1050].

6.3.3.2 Chi appartiene alla Chiesa Cattolica?

Tutti gli uomini in vario modo appartengono o sono ordinati alla cattolica unità del popolo di Dio. È pienamente incorporato alla Chiesa cattolica chi, avendo lo Spirito di Cristo, è unito ad essa dai vincoli della professione di fede, dei sacramenti, del governo ecclesiastico e della comunione. I battezzati, che non realizzano pienamente tale cattolica unità, sono in una certa comunione, sebbene imperfetta, con la Chiesa Cattolica[1051].

6.3.3.3 La Chiesa e i non cristiani

C'è un legame, dato anzitutto dall'origine e dal fine comuni di tutto il genere umano, tra la Chiesa e i non cristiani. La Chiesa cattolica riconosce che quanto di buono e di vero si trova nelle altre religioni viene da Dio, è raggio della sua verità, può preparare all'accoglienza del Vangelo e spingere verso l'unità dell'umanità nella Chiesa di Cristo[1052].

Nel loro comportamento religioso, gli uomini mostrano anche limiti ed errori che sfigurano in loro l'immagine di Dio[1053]:

«Molto spesso gli uomini ingannati dal maligno, hanno vaneggiato nei loro ragionamenti e hanno scambiato la verità divina con la menzogna, servendo la creatura piuttosto che il Creatore, oppure vivendo e morendo senza Dio in questo mondo, sono esposti alla disperazione finale»[1054].

1045 CONCILIO ECUMENICO VATICANO II, LG, 13.
1046 Cfr. CCC 832-835.
1047 CCC 834.
1048 IGNAZIO DI ANTIOCHIA, *Epistula ad Romanos*, 1,1.
1049 IRENEO DI LIONE, *Adversus haereses*, 3, 3, 2: PG 7, 849; cfr. CONCILIO VATICANO I, *Pastor aeternus.* Costituzione dogmatica, 18.07.1870, c. 2: DS 3057.
1050 MASSIMO IL CONFESSORE, *Opuscula theologica et polemica*: PG 91, 137-140.
1051 Cfr. CCC 836-838.
1052 Cfr. CCC 841-845.
1053 CCC 844.
1054 CONCILIO ECUMENICO VATICANO II, LG, 16.

Proprio per riunire di nuovo tutti i suoi figli, dispersi e sviati dal peccato, il Padre ha voluto convocare l'intera umanità nella Chiesa del Figlio suo[1055]. La Chiesa è il luogo in cui l'umanità deve ritrovare l'unità e la salvezza. È il «mondo riconciliato»[1056]. È la nave che, «*pleno dominicae crucis velo Sancti Spiritus flatu in hoc bene navigat mundo* – spiegate le vele della croce del Signore al soffio dello Spirito Santo, naviga sicura in questo mondo»;[1057] secondo un'altra immagine, cara ai Padri della Chiesa, è l'arca di Noè che, sola, salva dal diluvio[1058]. Quelli che non hanno ancora ricevuto il Vangelo, in vari modi, poi, sono ordinati al popolo di Dio[1059].

6.3.3.4 Rapporto della Chiesa Cattolica con il popolo Ebraico

La Chiesa cattolica riconosce il proprio rapporto con il popolo ebraico nel fatto che Dio scelse questo popolo, primo fra tutti, ad accogliere la sua Parola. È al popolo ebraico che appartengono «*l'adozione a figli, la gloria, le alleanze, la legislazione, il culto, le promesse, i patriarchi; da esso proviene Cristo secondo la carne*»[1060]. A differenza delle altre religioni non cristiane, la fede ebraica è già risposta alla Rivelazione di Dio nell'Antica Alleanza[1061].

6.3.3.5 Significato dell'affermazione: «Fuori della Chiesa non c'è salvezza»

L'affermazione «fuori della Chiesa non c'è salvezza» significa che ogni salvezza viene da Cristo-Capo per mezzo della Chiesa, che è il suo Corpo. Pertanto non possono essere salvati quanti, conoscendo la Chiesa come fondata da Cristo e necessaria alla salvezza, non vi entrassero e non vi perseverassero. Nello stesso tempo, grazie a Cristo e alla sua Chiesa, possono conseguire la salvezza eterna quanti, senza loro colpa, ignorano il Vangelo di Cristo e la sua Chiesa, ma cercano sinceramente Dio e, sotto l'influsso della grazia, si sforzano di compiere la sua volontà conosciuta attraverso il dettame della coscienza[1062].

Il Concilio Vaticano II:

> «insegna, appoggiandosi sulla Sacra Scrittura e sulla Tradizione, che questa Chiesa pellegrinante è necessaria alla salvezza. Infatti solo Cristo, presente per noi nel suo corpo, che è la Chiesa, è il Mediatore e la Via della salvezza; ora Egli, inculcando espressamente la necessità della fede e del Battesimo, ha insieme confermato la necessità della Chiesa, nella quale gli uomini entrano mediante il Battesimo come per la porta. Perciò non potrebbero salvarsi quegli uomini, i quali, non ignorando che la Chiesa cattolica è stata da Dio per mezzo di Gesù Cristo fondata come necessaria, non avessero tuttavia voluto entrare in essa o in essa perseverare»[1063].

Questa affermazione non si riferisce a coloro che, senza loro colpa, ignorano Cristo e la Chiesa[1064]:

> «Infatti, quelli che senza colpa ignorano il Vangelo di Cristo e la sua Chiesa, e tuttavia cercano sinceramente Dio e, sotto l'influsso della grazia, si sforzano di compiere con le opere la volontà di Dio, conosciuta attraverso il dettame della coscienza, possono conseguire la salvezza eterna[1065].

[1055] CCC 845.
[1056] Cfr. AGOSTINO D'IPPONA, *Sermo* 96, 7, 9: PL 38, 588.
[1057] AMBROGIO DI MILANO, *De virginitate*, 18, 119: PL 16, 297.
[1058] Cfr. *1 Pt 3,20-21*.
[1059] Cfr. CONCILIO ECUMENICO VATICANO II, LG, 16.
[1060] *Rm 9,4-5*.
[1061] Cfr. CCC 839-840.
[1062] Cfr. CCC 846-848.
[1063] CONCILIO ECUMENICO VATICANO II, LG, 14.
[1064] CCC 847.
[1065] CONCILIO ECUMENICO VATICANO II, LG, 16; cfr. CONGREGAZIONE PER LA DOTTRINA DELLA FEDE, *Lettera all'Arcivescovo di Boston*, 08.08.1949: DS 3866-3872.

«Benché Dio, attraverso vie a Lui note, possa portare gli uomini, che senza loro colpa ignorano il Vangelo, alla fede, senza la quale è impossibile piacergli[1066], è tuttavia compito imprescindibile della Chiesa, ed insieme sacro diritto, evangelizzare»[1067] tutti gli uomini[1068].

6.3.3.6 La missione: un'esigenza della cattolicità della Chiesa

La parola «apostolo» significa inviato. Gesù, l'inviato del Padre, chiamò a sé dodici fra i suoi discepoli e li costituì come suoi Apostoli, facendo di loro i testimoni scelti della sua risurrezione e le fondamenta della sua Chiesa. Diede loro il mandato di continuare la sua missione, dicendo: «*Come il Padre ha mandato me, anch'io mando voi*»[1069] e promettendo di essere con loro sino alla fine del mondo[1070].

Il mandato missionario[1071]: «Inviata da Dio alle genti per essere "sacramento universale di salvezza", la Chiesa, per le esigenze più profonde della sua cattolicità e obbedendo all'ordine del suo Fondatore, si sforza di annunciare il Vangelo a tutti gli uomini»[1072]: «*Andate dunque e ammaestrate tutte le nazioni, battezzandole nel nome del Padre e del Figlio e dello Spirito Santo, insegnando loro ad osservare tutto ciò che vi ho comandato. Ecco, io sono con voi tutti i giorni, fino alla fine del mondo*»[1073].

L'origine e lo scopo della missione[1074]. Il mandato missionario del Signore ha la sua ultima sorgente nell'amore eterno della Santissima Trinità: «La Chiesa pellegrinante per sua natura è missionaria, in quanto essa trae origine dalla missione del Figlio e dalla missione dello Spirito Santo, secondo il disegno di Dio Padre»[1075]. E il fine ultimo della missione altro non è che di rendere partecipi gli uomini della comunione che esiste tra il Padre e il Figlio nel loro Spirito d'amore[1076].

Il motivo della missione[1077]. Da sempre la Chiesa ha tratto l'obbligo e la forza del suo slancio missionario dall'amore di Dio per tutti gli uomini: «*poiché l'amore di Cristo ci sospinge ...*»[1078]. Infatti Dio «*vuole che tutti gli uomini siano salvati e arrivino alla conoscenza della verità*»[1079]. Dio vuole la salvezza di tutti attraverso la conoscenza della verità. La salvezza si trova nella verità. Coloro che obbediscono alla mozione dello Spirito di verità sono già sul cammino della salvezza; ma la Chiesa, alla quale questa verità è stata affidata, deve andare incontro al loro desiderio offrendola loro. Proprio perché crede al disegno universale di salvezza, la Chiesa deve essere missionaria.

6.3.4 La Chiesa è Apostolica

La successione apostolica è la trasmissione, mediante il Sacramento dell'Ordine Sacro, della missione e della potestà degli Apostoli ai loro successori, i Vescovi. Grazie a questa trasmissione, la Chiesa rimane in comunione di fede e di vita con la sua origine, mentre lungo i secoli ordina, per la

---

1066 Cfr. *Eb 11,6.*
1067 CONCILIO ECUMENICO VATICANO II, AG, 7.
1068 CCC 848.
1069 *Gv 20,21.*
1070 Cfr. CCC 858-861.
1071 CCC 849.
1072 CONCILIO ECUMENICO VATICANO II, AG, 1.
1073 *Mt* 28,19-20.
1074 CCC 850.
1075 CONCILIO ECUMENICO VATICANO II, AG, 2.
1076 Cfr. GIOVANNI PAOLO II, *Redemptoris missio.* Lettera enciclica sul valore permanente del mandato missionario, 07.12.1990, 23.
1077 CCC 851.
1078 *2 Cor 5,14*; cfr. CONCILIO ECUMENICO VATICANO II, AA, 6; GIOVANNI PAOLO II, *Redemptoris missio*, op.cit., 11.
1079 *1 Tm 2,4.*

diffusione del Regno di Cristo sulla terra, tutto il suo apostolato[1080].

La Chiesa è *apostolica*[1081], perché è fondata sugli Apostoli e ciò in un triplice senso[1082]:

- essa è stata e rimane costruita sul «fondamento degli Apostoli»[1083], testimoni scelti e mandati in missione da Cristo stesso[1084];
- custodisce e trasmette, con l'aiuto dello Spirito che abita in essa, l'insegnamento[1085], il buon deposito, le sane parole udite dagli Apostoli[1086];
- fino al ritorno di Cristo, continua ad essere istruita, santificata e guidata dagli Apostoli grazie ai loro successori nella missione pastorale: il Collegio dei Vescovi, «coadiuvato dai sacerdoti ed unito al Successore di Pietro e Supremo Pastore della Chiesa»[1087].

Con espressioni liturgiche:

> «Pastore eterno, tu non abbandoni il tuo gregge, ma lo custodisci e proteggi sempre per mezzo dei tuoi santi Apostoli, e lo conduci attraverso i tempi, sotto la guida di coloro che tu stesso hai eletto vicari del tuo Figlio e hai costituito Pastori»[1088].

6.3.4.1 La missione degli Apostoli

Gesù è l'inviato del Padre[1089]. Fin dall'inizio del suo ministero, «*chiamò a sé quelli che Egli volle* [...]. *Ne costituì Dodici che stessero con lui e anche per mandarli a predicare*»[1090]. Da quel momento, essi saranno i suoi «inviati» (è questo, come detto, il significato del termine greco «apostoli»). In loro Gesù continua la sua missione: «*Come il Padre ha mandato me, anch'io mando voi*»[1091]. Il loro ministero è quindi la continuazione della sua missione: «*Chi accoglie voi, accoglie me*», dice ai Dodici[1092].

Gesù li unisce alla missione che ha ricevuto dal Padre[1093]. Come «*il Figlio da sé non può fare nulla*»[1094], ma riceve tutto dal Padre che lo ha inviato, così coloro che Gesù invia non possono fare nulla senza di Lui,[1095] dal quale ricevono il mandato della missione e il potere di compierla. Gli Apostoli di Cristo sanno di essere resi da Dio «*ministri adatti di una Nuova Alleanza*»[1096], «*ministri di Dio*»[1097], «*ambasciatori per Cristo*»[1098], «*ministri di Cristo e amministratori dei misteri di Dio*»[1099].

Nella missione degli Apostoli c'è un aspetto che non può essere trasmesso: essere i testimoni scelti della risurrezione del Signore e le fondamenta della Chiesa[1100]. Ma vi è anche un aspetto permanente della loro missione. Cristo ha promesso di rimanere con loro sino alla fine del

---

1080 Cfr. CCC 861-865.
1081 La Basilica Maggiore di san Pietro in Vaticano, edificata in onore del Principe degli Apostoli, Pietro, è espressione della quarta caratteristica della Chiesa: la sua «apostolicità».
1082 CCC 857.
1083 *Ef 2,20*; cfr. *Ap 21,15.*
1084 Cfr. *Mt 28,16-20*; *At 1,8*; *1 Cor 9,1*; *15,7-8*; *Gal 1,1.*
1085 Cfr. *At 2,42.*
1086 Cfr. *2 Tm 1,13-14.*
1087 CONCILIO ECUMENICO VATICANO II, AA, 5.
1088 MESSALE ROMANO, *Prefazio degli Apostoli I.*
1089 CCC 858.
1090 *Mc 3,13-14.*
1091 *Gv 20,21*; cfr. *Gv 13,20*; *17,18.*
1092 *Mt 10,40*; cfr. *Lc 10,16.*
1093 CCC 859.
1094 *Gv 5,19.30.*
1095 Cfr. *Gv 15,5.*
1096 *2 Cor 3,6.*
1097 *2 Cor 6,4.*
1098 *2 Cor 5,20.*
1099 *1 Cor 4,1.*
1100 CCC 860.

mondo[1101]. La «missione divina, affidata da Cristo agli Apostoli, dovrà durare sino alla fine dei secoli, poiché il Vangelo, che essi devono trasmettere, è per la Chiesa principio di tutta la sua vita in ogni tempo. Per questo gli Apostoli [...] ebbero cura di costituirsi dei successori»[1102].

6.3.4.2 I Vescovi successori degli Apostoli

Perché la missione loro affidata venisse continuata dopo la loro morte, gli Apostoli lasciarono quasi in testamento ai loro immediati cooperatori l'incarico di completare e consolidare l'opera da essi incominciata, raccomandando loro di attendere a tutto il gregge, nel quale lo Spirito Santo li aveva posti per pascere la Chiesa di Dio[1103]. Essi stabilirono dunque questi uomini e in seguito diedero disposizione che, quando essi fossero morti, altri uomini provati prendessero la successione del loro ministero[1104].

«Come quindi permane l'ufficio dal Signore concesso singolarmente a Pietro, il primo degli Apostoli, e da trasmettersi ai suoi successori, così permane l'ufficio degli Apostoli di pascere la Chiesa, da esercitarsi ininterrottamente dal sacro ordine dei Vescovi». Perciò la Chiesa insegna che «i Vescovi per divina istituzione sono succeduti al posto degli Apostoli, quali Pastori della Chiesa: chi li ascolta, ascolta Cristo, chi li disprezza, disprezza Cristo e Colui che Cristo ha mandato»[1105].

Tutta la Chiesa è apostolica[1106] in quanto rimane in comunione di fede e di vita con la sua origine attraverso i successori di san Pietro e degli Apostoli[1107]. Tutta la Chiesa è apostolica, in quanto è «inviata» in tutto il mondo; tutti i membri della Chiesa, sia pure in modi diversi, partecipano a questa missione. «La vocazione cristiana infatti è per sua natura anche vocazione all'apostolato».

Si chiama apostolato «tutta l'attività del corpo mistico» ordinata alla «diffusione del regno di Cristo su tutta la terra».[1108]

In conclusione, la Chiesa è *una*, *santa*, *cattolica* e *apostolica* nella sua identità profonda e ultima, perché in essa già esiste e si compirà alla fine dei tempi «*il regno dei cieli*», «*il regno di Dio*»[1109], che è venuto nella persona di Cristo e che misteriosamente cresce nel cuore di coloro che a Lui sono incorporati, fino alla sua piena manifestazione escatologica[1110]. Allora *tutti* gli uomini da Lui redenti, in Lui resi «*santi e immacolati al cospetto*» di Dio «*nella carità*»,[1111] saranno riuniti come *l'unico* popolo di Dio, «*la Sposa dell'Agnello*»[1112], «*la Città santa*» che scende «*dal cielo, da Dio, risplendente della gloria di Dio*»;[1113] e «*le mura della città poggiano su dodici basamenti, sopra i quali sono i dodici nomi dei dodici Apostoli dell'Agnello*»[1114].

1101 Cfr. *Mt 28,20.*
1102 CONCILIO ECUMENICO VATICANO II, LG, 20.
1103 Cfr. CCC 861.
1104 Cfr. CONCILIO ECUMENICOVATICANO II, LG, 20; cfr. CLEMENTE ROMANO, *Epistula ad Corinthios*, 42, 4: SC 167,168-170; *Ibidem*, 44, 2: SC 167,172.
1105 CONCILIO ECUMENICO VATICANO II, LG, 20.
1106 CCC 863.
1107 *Ibidem.*
1108 CONCILIO ECUMENICO VATICANO II, AA, 2.
1109 Cfr. *Ap 19,6.*
1110 CCC 865.
1111 Cfr. *Ef 1,4.*
1112 Cfr. *Ap 21,9.*
1113 Cfr. *Ap 21,10-11.*
1114 *Ap 21,14.*

6.4 Gli stati di vita dei fedeli

«I fedeli sono coloro che, essendo stati incorporati a Cristo mediante il Battesimo, sono costituiti popolo di Dio e perciò, resi partecipi nel modo loro proprio della funzione sacerdotale, profetica e regale di Cristo, sono chiamati ad attuare, secondo la condizione propria di ciascuno, la missione che Dio ha affidato alla Chiesa da compiere nel mondo»[1115].

«Fra tutti i fedeli, in forza della loro rigenerazione in Cristo, sussiste una vera uguaglianza nella dignità e nell'agire e per tale uguaglianza tutti cooperano all'edificazione del corpo di Cristo, secondo la condizione e i compiti propri di ciascuno»[1116].

Le differenze stesse che il Signore ha voluto stabilire fra le membra del suo corpo sono in funzione della sua unità e della sua missione[1117]. Infatti «c'è nella Chiesa diversità di ministeri, ma unità di missione. Gli Apostoli e i loro successori hanno avuto da Cristo l'ufficio di insegnare, santificare, reggere in suo nome e con la sua autorità. Ma i laici, resi partecipi dell'ufficio sacerdotale, profetico e regale di Cristo, nella missione di tutto il popolo di Dio assolvono compiti propri nella Chiesa e nel mondo»[1118]. Infine dai ministri sacri e dai laici «provengono fedeli i quali, con la professione dei consigli evangelici [...], in modo speciale sono consacrati a Dio e danno incremento alla missione salvifica della Chiesa»[1119].

6.4.1 La costituzione gerarchica della Chiesa

Cristo ha istituito la gerarchia ecclesiastica con la missione di pascere il popolo di Dio nel suo nome e per questo le ha dato autorità. Essa è formata dai ministri sacri: Vescovi, Presbiteri, Diaconi. Grazie al Sacramento dell'Ordine, i Vescovi e i Presbiteri agiscono, nell'esercizio del loro ministero, in nome e in persona di Cristo capo; i Diaconi servono il popolo di Dio nella *diaconia* (servizio) della parola, della liturgia, della carità[1120].

Cristo stesso è l'origine del ministero nella Chiesa. Egli l'ha istituita, le ha dato autorità e missione, orientamento e fine[1121]:

> «Cristo Signore, per pascere e sempre più accrescere il popolo di Dio, ha istituito nella sua Chiesa vari ministeri, che tendono al bene di tutto il corpo. I ministri infatti, che sono dotati di sacra potestà, sono a servizio dei loro fratelli, perché tutti coloro che appartengono al popolo di Dio [...] arrivino alla salvezza»[1122].

«E come potranno credere, senza averne sentito parlare? E come potranno sentirne parlare senza uno che lo annunzi? E come lo annunzieranno, senza essere prima inviati?»[1123]. Nessuno, né individuo né comunità, può annunziare a se stesso il Vangelo. «*La fede dipende* [...] *dalla predicazione*»[1124]. Nessuno può darsi da sé il mandato e la missione di annunziare il Vangelo. L'inviato del Signore parla e agisce non per autorità propria, ma in forza dell'autorità di Cristo; non come membro della comunità, ma parlando ad essa in nome di Cristo. Nessuno può conferire a se stesso la grazia, essa deve essere data e offerta. Ciò suppone che vi siano ministri della grazia autorizzati e abilitati da Cristo. Da Lui i Vescovi e i Presbiteri ricevono la missione e la facoltà (la «sacra potestà») di agire *in persona di Cristo Capo*, i Diaconi la forza di servire il popolo di Dio

---

1115 CIC, canone 204, § 1; cfr. CONCILIO ECUMENICOVATICANO II, LG, 31.
1116 CIC, canone 208; cfr. CONCILIO ECUMENICO VATICANO II, LG, 32.
1117 CCC 873.
1118 CONCILIO ECUMENICO VATICANO II, AA, 2.
1119 CIC, canone 207, § 2.
1120 Cfr. CCC 874-876; 935.
1121 CCC 874.
1122 CONCILIO ECUMENICO VATICANO II, LG, 18.
1123 *Rm 10,14-15.*
1124 *Rm 10,17.*

nella «diaconia» della liturgia, della parola e della carità, in comunione con il Vescovo e il suo Presbiterio. La tradizione della Chiesa chiama «sacramento» questo ministero, attraverso il quale gli inviati di Cristo compiono e danno per dono di Dio quello che da se stessi non possono né compiere né dare. Il ministero della Chiesa viene conferito mediante uno specifico sacramento[1125].

Alla natura sacramentale del ministero ecclesiale è intrinsecamente legato il *carattere di servizio*[1126]. I ministri, infatti, in quanto dipendono interamente da Cristo, il quale conferisce missione e autorità, sono veramente «*servi di Cristo*»[1127], ad immagine di Lui che ha assunto liberamente per noi «*la condizione di servo*»[1128]. La Parola e la Grazia di cui sono i ministri, non sono loro, ma di Cristo che le ha loro affidate per gli altri. Proprio in forza di ciò, i ministri consacrati si faranno liberamente servi di tutti.[1129]

6.4.1.1 Il Collegio Episcopale e il suo capo: il Papa

6.4.1.1.1 Il Papa

Del solo Simone, al quale diede il nome di Pietro, il Signore ha fatto la pietra della sua Chiesa. A lui ne ha affidato le chiavi[1130]; l'ha costituito pastore di tutto il gregge[1131]. «Ma l'incarico di legare e di sciogliere, che è stato dato a Pietro, risulta essere stato pure concesso al collegio degli Apostoli, unito col suo capo»[1132]. Questo ufficio pastorale di Pietro e degli altri Apostoli costituisce uno dei fondamenti della Chiesa; è continuato dai Vescovi sotto il primato del Papa[1133].

Il Papa, Vescovo di Roma e Successore di san Pietro, «è il perpetuo e visibile principio e fondamento dell'unità sia dei Vescovi sia della moltitudine dei fedeli»[1134]. «Infatti il Romano Pontefice, in virtù del suo ufficio di Vicario di Cristo e di Pastore di tutta la Chiesa, ha sulla Chiesa la potestà piena, suprema e universale, che può sempre esercitare liberamente»[1135].

6.4.1.1.2 I Vescovi

Cristo istituì i Dodici[1136] «sotto la forma di un collegio o di un gruppo stabile, del quale mise a capo Pietro, scelto di mezzo a loro»[1137]. «Come san Pietro e gli altri Apostoli costituirono, per istituzione del Signore, un unico collegio apostolico, similmente il Romano Pontefice, Successore di Pietro, e i Vescovi, successori degli Apostoli, sono tra loro uniti»[1138].

Il collegio dei Vescovi, in comunione con il Papa e mai senza di lui, esercita anch'esso sulla Chiesa la suprema e piena potestà[1139].

6.4.1.2 L'ufficio di insegnare

I Vescovi, in comunione con il Papa, hanno il dovere di annunziare a tutti fedelmente e con autorità il Vangelo, quali testimoni autentici della fede apostolica, rivestiti dell'autorità di Cristo.

1125 CCC 875.
1126 CCC 876.
1127 *Rm 1,1*.
1128 *Fil 2,7*.
1129 Cfr. 1 Cor *9,19*.
1130 Cfr. *Mt 16,18-19*.
1131 Cfr. *Gv 21,15-17*.
1132 CONCILIO ECUMENICO VATICANO II, LG, 22.
1133 CCC881.
1134 CONCILIO ECUMENICO VATICANO II, LG, 23.
1135 CONCILIO ECUMENICO VATICANO II, LG, 22; cfr IDEM, CD, 2; *Ibidem*, 9.
1136 CCC 880.
1137 CONCILIO ECUMENICO VATICANO II, LG, 19.
1138 IDEM, 22; cfr. CIC, canone 330.
1139 Cfr. CCC 883-885.

Mediante il senso soprannaturale della fede, il Popolo di Dio aderisce indefettibilmente alla fede, sotto la guida del Magistero vivente della Chiesa[1140].

L'infallibilità si attua quando il Romano Pontefice, in virtù della sua autorità di supremo Pastore della Chiesa, o il Collegio dei Vescovi in comunione con il Papa, soprattutto riunito in un Concilio Ecumenico, proclamano con atto definitivo una dottrina riguardante la fede o la morale, e anche quando il Papa e i Vescovi, nel loro ordinario Magistero, concordano nel proporre una dottrina come definitiva. A tali insegnamenti ogni fedele deve aderire con l'ossequio della fede[1141].

I Vescovi santificano la Chiesa dispensando la grazia di Cristo con il ministero della Parola e dei Sacramenti, in particolare dell'Eucaristia, e anche con la loro preghiera, il loro esempio e il loro lavoro[1142].

Il Vescovo «è il dispensatore della grazia del supremo sacerdozio»,[1143] specialmente nell'Eucaristia che egli stesso offre o di cui assicura l'offerta mediante i Presbiteri, suoi cooperatori. L'Eucaristia, infatti, è il centro della vita della Chiesa particolare. Il Vescovo e i Presbiteri santificano la Chiesa con la loro preghiera e il loro lavoro, con il ministero della parola e dei sacramenti[1144]. La santificano con il loro esempio, *«non spadroneggiando sulle persone»* loro *«affidate»*, ma facendosi *«modelli del gregge»*[1145], in modo che «possano, insieme col gregge loro affidato, giungere alla vita eterna»[1146].

6.4.1.3 L'ufficio di governare

Ogni Vescovo, in quanto membro del Collegio Episcopale, porta collegialmente la sollecitudine per tutte le Chiese particolari e per tutta la Chiesa insieme con gli altri Vescovi uniti al Papa. Il Vescovo, cui viene affidata una Chiesa particolare, la governa con l'autorità della sacra Potestà propria, ordinaria e immediata, esercitata nel nome di Cristo, buon Pastore, in comunione con tutta la Chiesa e sotto la guida del successore di Pietro[1147].

«I Vescovi reggono le Chiese particolari, come vicari e delegati di Cristo, col consiglio, la persuasione, l'esempio, ma anche con l'autorità e la sacra potestà»[1148], che però dev'essere da loro esercitata allo scopo di edificare, nello spirito di servizio che è proprio del loro Maestro[1149].

6.4.2 I fedeli laici

Col nome di laici si intendono qui tutti i fedeli a esclusione dei membri dell'ordine sacro e dello stato religioso riconosciuto dalla Chiesa, i fedeli cioè, che, dopo essere stati incorporati a Cristo col Battesimo e costituiti popolo di Dio, e nella loro misura resi partecipi della funzione sacerdotale, profetica e regale di Cristo, per la loro parte compiono nella Chiesa e nel mondo la missione propria di tutto il popolo cristiano»[1150].

I fedeli laici hanno come vocazione propria quella di cercare il Regno di Dio, illuminando e ordinando le realtà temporali secondo Dio. Attuano così la chiamata alla santità e all'apostolato, rivolta a tutti i battezzati[1151].

I fedeli laici partecipano all'ufficio sacerdotale di Cristo. Essi vi partecipano nell'offrire –

1140 Cfr. CCC 888-890; 939.
1141 CCC 891.
1142 Cfr. CCC 893.
1143 CONCILIO ECUMENICO VATICANO II, LG, 26.
1144 CCC 893.
1145 1 *Pt 5,3*.
1146 CONCILIO ECUMENICO VATICANO II, LG, 26.
1147 Cfr. CCC 894-896.
1148 CONCILIO ECUMENICO VATICANO II, LG, 27.
1149 Cfr. *Lc 22,26-27*.
1150 CONCILIO ECUMENICO VATICANO II, LG, 31.
1151 Cfr. CCC 897-900; 940.

quale sacrificio spirituale «*gradito a Dio per mezzo di Gesù Cristo*»[1152] – soprattutto nell'Eucaristia, la propria vita con tutte le opere, le preghiere e le iniziative apostoliche, la vita familiare e il lavoro giornaliero, le molestie della vita sopportate con pazienza e il sollievo corporale e spirituale. Così, anche i laici, dedicati a Cristo e consacrati dallo Spirito Santo, offrono a Dio il mondo stesso[1153].

I fedeli laici partecipano all'ufficio profetico di Cristo. Essi vi partecipano accogliendo sempre più nella fede la Parola di Cristo e annunciandola al mondo con la testimonianza della vita e con la parola, l'azione evangelizzatrice e la catechesi. Quest'azione evangelizzatrice acquista una particolare efficacia dal fatto che viene compiuta nelle comuni condizioni del secolo[1154].

I fedeli laici partecipano alla funzione regale di Cristo. I fedeli laici, avendo da Lui ricevuto il potere di vincere in se stessi e nel mondo il peccato, con l'abnegazione di sé e la santità della loro vita, esercitano vari ministeri a servizio della comunità e impregnano di valore morale le attività temporali dell'uomo e le istituzioni della società[1155].

6.4.3 La dimensione «sinodale» della Chiesa

Nel 2018, su permesso di papa Francesco, è stato pubblicato un documento della Commissione Teologica Internazionale dal nome "*La sinodalità nella vita e nella missione della Chiesa*" che al numero 2 così presenta il proprio fine:

> «offrire alcune linee utili all'approfondimento teologico del significato di quest'impegno insieme a qualche orientamento pastorale circa le implicazioni che ne derivano per la missione della Chiesa. Nell'introduzione si richiamano i dati etimologici e concettuali necessari a chiarire in forma preliminare il contenuto e l'uso della parola "sinodalità", per poi contestualizzare la pregnanza e la novità dell'insegnamento che ci è offerto in proposito dal Magistero nel solco del Concilio Vaticano II»[1156].

Ai numeri 3 e 4 vengono offerte chiarificazioni di tipo etimologico che è opportuno ritenre al fine di evitare incomprensioni e/o precomprensioni magari superficiali, se non addirittura ideologicamente formulate. Ecco il testo:

> «3. "Sinodo" è parola antica e veneranda nella Tradizione della Chiesa, il cui significato richiama i contenuti più profondi della Rivelazione. Composta dalla preposizione σύν, con, e dal sostantivo ὁδός, via, indica il cammino fatto insieme dal Popolo di Dio. Rinvia pertanto al Signore Gesù che presenta se stesso come «la via, la verità e la vita» (*Gv* 14,6), e al fatto che i cristiani, alla sua sequela, sono in origine chiamati «i discepoli della via» (cfr. *At* 9,2; 19,9.23; 22,4; 24,14.22). Nel greco ecclesiastico esprime l'essere convocati in assemblea dei discepoli di Gesù e in alcuni casi è sinonimo della comunità ecclesiale. San Giovanni Crisostomo, ad esempio, scrive che Chiesa è «nome che sta per cammino insieme (σύνοδος)». La Chiesa infatti – spiega – è l'assemblea convocata per rendere grazie e lode a Dio come un coro, una realtà armonica dove tutto si tiene (σύστημα), poiché coloro che la compongono, mediante le loro reciproche e ordinate relazioni, convergono nell'ἀγάπη e nella ὁμονοία (il medesimo sentire).
>
> 4. Con un significato specifico, sin dai primi secoli, vengono designate con la parola "sinodo" le assemblee ecclesiali convocate a vari livelli (diocesano, provinciale o regionale, patriarcale, universale) per discernere, alla luce della Parola di Dio e in ascolto dello Spirito Santo, le questioni dottrinali, liturgiche, canoniche e pastorali che via via si presentano. Il greco σύνοδος viene tradotto in latino con *sýnodus* o *concilium*. *Concilium,* nell'uso profano, indica un'assemblea convocata dalla

---

1152 *1 Pt 2,5.*

1153 Cfr. CCC 891-893.

1154 Cfr. CCC 904-907; 942.

1155 Cfr. CCC 908-913; 943.

1156 COMMISSIONE TEOLOGICA INTERNAZIONALE, *La sinodalità nella vita e nella missione della Chiesa*, 02.03.2018, 2.

legittima autorità. Benché le radici di "sinodo" e di "concilio" siano diverse, il significato è convergente. Anzi, "concilio" arricchisce il contenuto semantico di "sinodo" richiamando l'ebraicoקָהָל – (*qahal*) l'assemblea convocata dal Signore – e la sua traduzione nel greco ἐκκλησία, che designa nel Nuovo Testamento la convocazione escatologica del Popolo di Dio in Cristo Gesù. Nella Chiesa cattolica la distinzione nell'uso delle parole "concilio" e "sinodo" è recente. Nel Vaticano Ii sono sinonime nel designare l'assise conciliare. Una precisazione è introdotta nel *Codex Iuris Canonici* della Chiesa latina (1983), dove si distingue tra Concilio particolare (plenario o provinciale) e Concilio ecumenico, da un lato, Sinodo dei Vescovi e Sinodo diocesano, dall'altro [CIC nn. 439, 440, 337, 342, 460]»[1157].

Più avanti, ai numeri 6 e 7, si evidenzia come la «sinodalità» sia dinamica tipica della Chiesa, tanto che papa Francesco in più occasioni, facendo risuonare l'insegnamento del Crisostomo «chiesa è sinodo», ricorda che la sinodalità è lo specifico «*modus vivendi et operandi*» della Chiesa Popolo di Dio. Si pone poi in luce il rapporto tra sinodalità e collegialità. Ecco il testo:

«6. Benché il termine e il concetto di sinodalità non si ritrovino esplicitamente nell'insegnamento del Concilio Vaticano II, si può affermare che l'istanza della sinodalità è al cuore dell'opera di rinnovamento da esso promossa. L'ecclesiologia del Popolo di Dio sottolinea infatti la comune dignità e missione di tutti i Battezzati, nell'esercizio della multiforme e ordinata ricchezza dei loro carismi, delle loro vocazioni, dei loro ministeri. Il concetto di comunione esprime in questo contesto la sostanza profonda del mistero e della missione della Chiesa, che ha nella sinassi eucaristica la sua fonte e il suo culmine. Esso designa la *res* del *Sacramentum Ecclesiae:* l'unione con Dio Trinità e l'unità tra le persone umane che si realizza mediante lo Spirito Santo in Cristo Gesù. La sinodalità, in questo contesto ecclesiologico, indica lo specifico *modus vivendi et operandi* della Chiesa Popolo di Dio che manifesta e realizza in concreto il suo essere comunione nel camminare insieme, nel radunarsi in assemblea e nel partecipare attivamente di tutti i suoi membri alla sua missione evangelizzatrice.

7. Mentre il concetto di sinodalità richiama il coinvolgimento e la partecipazione di tutto il Popolo di Dio alla vita e alla missione della Chiesa, il concetto di collegialità precisa il significato teologico e la forma di esercizio del ministero dei Vescovi a servizio della Chiesa particolare affidata alla cura pastorale di ciascuno e nella comunione tra le Chiese particolari in seno all'unica e universale Chiesa di Cristo, mediante la comunione gerarchica del Collegio episcopale col Vescovo di Roma. La collegialità, pertanto, è la forma specifica in cui la sinodalità ecclesiale si manifesta e si realizza attraverso il ministero dei Vescovi sul livello della comunione tra le Chiese particolari in una regione e sul livello della comunione tra tutte le Chiese nella Chiesa universale. Ogni autentica manifestazione di sinodalità esige per sua natura l'esercizio del ministero collegiale dei Vescovi»[1158].

Nell'indirizzo di saluto ai Vescovi italiani riuniti nella loro LXX Assemblea Generale, papa Francesco ha ricordato che camminare insieme è *la via costitutiva* della Chiesa; *la cifra* che ci permette di interpretare la realtà con gli occhi e il cuore di Dio; *la condizione* per seguire il Signore Gesù ed essere servi della vita in questo tempo ferito. Respiro e passo sinodale rivelano ciò che siamo e il dinamismo di comunione che anima le nostre decisioni. Solo in questo orizzonte possiamo rinnovare davvero la nostra pastorale e adeguarla alla missione della Chiesa nel mondo di oggi; solo così possiamo affrontare la complessità di questo tempo, riconoscenti per il percorso compiuto e decisi a continuarlo con *parresia*», ossia con la fiducia, la franchezza e il coraggio di «entrare nell'ampiezza dell'orizzonte di Dio»[1159].

6.4.4 La vita consacrata

La vita consacrata è uno stato di vita riconosciuto dalla Chiesa. È una risposta libera a una

---

[1157] *Ibidem*, 3-4.
[1158] *Ibidem*, 6-7.
[1159] Cfr. *Ibidem*, 120: FRANCESCO, *Saluto all'apertura dei lavori della 70ma Assemblea generale della Conferenza Episcopale Italiana*, Roma 22.05.2017.

chiamata particolare di Cristo, con la quale i consacrati e le consacrate si dedicano totalmente a Dio e tendono verso la perfezione della carità sotto la mozione dello Spirito Santo. Tale consacrazione si caratterizza per la pratica dei consigli evangelici[1160]: la povertà, l'obbedienza e la castità.

La vita consacrata partecipa alla missione della Chiesa mediante una piena dedizione a Cristo e ai fratelli, testimoniando la speranza del Regno celeste[1161].

6.4.5 La comunione dei Santi

Tale espressione indica anzitutto la comune partecipazione di tutti i membri della Chiesa alle cose sante (*sancta*): la fede, i Sacramenti, in particolare l'Eucaristia, i carismi e gli altri doni spirituali. Alla radice della comunione c'è la carità che «*non cerca il proprio interesse*»[1162], ma spinge il fedele «*a mettere tutto in comune*»[1163], anche i propri beni materiali a servizio dei più poveri[1164].

La Chiesa è «*communio Sanctorum*»[1165]: questa espressione designa primariamente le «cose sante» (*sancta*), e innanzi tutto l'Eucaristia con la quale «viene rappresentata e prodotta l'unità dei fedeli, che costituiscono un solo corpo in Cristo»[1166].

Questo termine designa anche la comunione delle «persone sante» (*sancti*) nel Cristo che è «morto per tutti», in modo che quanto ognuno fa o soffre in e per Cristo porta frutto per tutti[1167]:

> «Noi crediamo alla comunione di tutti i fedeli di Cristo, di coloro che sono pellegrini su questa terra, dei defunti che compiono la loro purificazione e dei beati del cielo; tutti, insieme formano una sola Chiesa; noi crediamo che in questa comunione l'amore misericordioso di Dio e dei suoi santi, ascolta costantemente le nostre preghiere»[1168].

6.5 Maria Madre di Cristo e Madre della Chiesa

Dopo aver parlato del ruolo della beata Vergine Maria nel mistero di Cristo e dello Spirito, è ora opportuno considerare il suo posto nel mistero della Chiesa[1169].

> «Infatti la Vergine Maria [...] è riconosciuta e onorata come la vera Madre di Dio e del Redentore. [...] Insieme però [...] è veramente "Madre delle membra" (di Cristo), [...] perché ha cooperato con la sua carità alla nascita dei fedeli nella Chiesa, i quali di quel Capo sono le membra»[1170], «Maria, [...] Madre di Cristo, Madre della Chiesa»[1171].

6.5.1 La maternità di Maria verso la Chiesa

6.5.1.1 Interamente unita al Figlio suo ...

Il ruolo di Maria verso la Chiesa è inseparabile dalla sua unione a Cristo e da essa direttamente deriva. «Questa unione della Madre col Figlio nell'opera della redenzione si manifesta

---

1160 Cfr-CCC 914-916; 944.
1161 Cfr. CCC 931-933; 945.
1162 *1 Cor 13,5.*
1163 *At 4,32.*
1164 Cfr. CCC 954-959; 961-962.
1165 CCC 960.
1166 CONCILIO ECUMENICO VATICANO II, LG, 3.
1167 CCC 961.
1168 PAOLO VI, *Credo del popolo di Dio*, 30: AAS 60 (1968) 445.
1169 CCC 963.
1170 CONCILIO ECUMENICO VATICANO II, LG, 53; cfr. AGOSTINO D'IPPONA, *De sancta virginitate*, 6, 6: PL 40, 399.
1171 PAOLO VI, *Discorso ai Padri Conciliari alla conclusione della terza Sessione del Concilio Ecumenico II*, 21.11.1964: AAS 56 (1964) 1015.

dal momento della concezione verginale di Cristo fino alla morte di lui»[1172]. Essa viene particolarmente manifestata nell'ora della sua passione[1173]:

«La beata Vergine ha avanzato nel cammino della fede e ha conservato fedelmente la sua unione col Figlio sino alla croce, dove, non senza un disegno divino, se ne stette ritta, soffrì profondamente col suo Figlio unigenito e si associò con animo materno al sacrificio di Lui, amorosamente consenziente all'immolazione della vittima da lei generata; e finalmente, dallo stesso Cristo Gesù morente in croce fu data come madre al discepolo con queste parole: "Donna, ecco il tuo figlio"»[1174].

Dopo l'Ascensione del suo Figlio[1175], Maria «con le sue preghiere aiutò le primizie della Chiesa»[1176]. Riunita con gli Apostoli e alcune donne, «anche Maria implorava con le sue preghiere il dono dello Spirito, che l'aveva già presa sotto la sua ombra nell'Annunciazione»[1177].

6.5.1.2 ....anche nella sua assunzione

«Infine, l'Immacolata Vergine, preservata immune da ogni macchia di colpa originale, finito il corso della sua vita terrena, fu assunta alla celeste gloria col suo corpo e con la sua anima, e dal Signore esaltata come la Regina dell'universo, perché fosse più pienamente conformata al Figlio suo, il Signore dei dominanti, il vincitore del peccato e della morte»[1178].

L'assunzione della santa Vergine è una singolare partecipazione alla risurrezione del suo Figlio e un'anticipazione della risurrezione degli altri cristiani[1179]:

«Nella tua maternità hai conservato la verginità, nella tua dormizione non hai abbandonato il mondo, o Madre di Dio; hai raggiunto la sorgente della Vita, tu che hai concepito il Dio vivente e che con le tue preghiere libererai le nostre anime dalla morte»[1180].

6.5.1.3 ... Ella è nostra Madre nell'ordine della grazia . ..

Per la sua piena adesione alla volontà del Padre, all'opera redentrice del suo Figlio, ad ogni mozione dello Spirito Santo, la Vergine Maria è il modello della fede e della carità per la Chiesa[1181]. «Per questo è riconosciuta quale sovreminente e del tutto singolare membro della Chiesa»[1182] «ed è la figura (*typus*) della Chiesa»[1183].

Ma il suo ruolo in rapporto alla Chiesa e a tutta l'umanità va ancora più lontano[1184]. «Ella ha cooperato in modo tutto speciale all'opera del Salvatore, con l'obbedienza, la fede, la speranza e l'ardente carità, per restaurare la vita soprannaturale delle anime. Per questo è stata per noi la Madre nell'ordine della grazia»[1185].

«Questa maternità di Maria nell'economia della grazia perdura senza soste dal momento del consenso

---

1172 CONCILIO ECUMENICO VATICANO II, LG, 57.
1173 CCC 964.
1174 Cfr. *1 Gv 19,26-27*; CONCILIO ECUMENICO VATICANO II, LG, 58.
1175 CCC 965.
1176 CONCILIO ECUMENICO VATICANO II, LG, 69.
1177 CONCILIO ECUMENICO VATICANO II, LG, 59.
1178 CONCILIO ECUMENICO VATICANO II, LG, 59; cfr. PIO XII, *Munificentissimus Deus*. Costituzione apostolica, 01.11.1950: DS 3903.
1179 CCC 966.
1180 LITURGIA BIZANTINA, *Tropario della festa della dormizione della beata Vergine Maria*.
1181 CCC 967.
1182 CONCILIO ECUMENICO VATICANO II, LG, 53.
1183 IDEM, 63.
1184 CCC 968.
1185 CONCILIO ECUMENICO VATICANO II, LG, 61.

prestato nella fede al tempo dell'annunciazione e mantenuto senza esitazioni sotto la croce, fino al perpetuo coronamento di tutti gli eletti. Difatti, assunta in cielo Ella non ha deposto questa missione di salvezza, ma con la sua molteplice intercessione continua ad ottenerci i doni della salvezza eterna. [...] Per questo la Beata Vergine è invocata nella Chiesa con i titoli di Avvocata, Ausiliatrice, Soccorritrice, Mediatrice»[1186].

«La funzione materna di Maria verso gli uomini in nessun modo oscura o diminuisce [...] l'unica mediazione di Cristo, ma ne mostra l'efficacia. Infatti ogni salutare influsso della beata Vergine [...] sgorga dalla sovrabbondanza dei meriti di Cristo, si fonda sulla mediazione di Lui, da essa assolutamente dipende e attinge tutta la sua efficacia»[1187].

«Nessuna creatura infatti può mai essere paragonata col Verbo incarnato e redentore; ma come il sacerdozio di Cristo è in vari modi partecipato dai sacri ministri e dal popolo fedele, e come l'unica bontà di Dio è realmente diffusa in vari modi nelle creature, così anche l'unica mediazione del Redentore non esclude, ma suscita nelle creature una varia cooperazione partecipata dall'unica fonte»[1188].

6.5.2 Il culto della Santa Vergine

«Tutte le generazioni mi chiameranno beata»[1189]. «La pietà della Chiesa verso la santa Vergine è elemento intrinseco del culto cristiano»[1190]. La santa Vergine «viene dalla Chiesa giustamente onorata con un culto speciale. In verità dai tempi più antichi la beata Vergine è venerata col titolo di "Madre di Dio", sotto il cui presidio i fedeli, pregandola, si rifugiano in tutti i loro pericoli e le loro necessità [...] Questo culto [...], sebbene del tutto singolare, differisce essenzialmente dal culto di adorazione, prestato al Verbo incarnato come al Padre e allo Spirito Santo, e particolarmente lo promuove»[1191]; esso trova la sua espressione nelle feste liturgiche dedicate alla Madre di Dio[1192] e nella preghiera mariana come il santo Rosario, «compendio di tutto quanto il Vangelo»[1193].

6.5.3 Maria: icona escatologica della Chiesa

Dopo aver parlato della Chiesa, della sua origine, della sua missione e del suo destino, non sapremmo concludere meglio che volgendo lo sguardo verso Maria per contemplare in Lei ciò che la Chiesa è nel suo mistero, nel suo «pellegrinaggio della fede» e quello che sarà nella patria al termine del suo cammino, dove l'attende, nella «gloria della Santissima e indivisibile Trinità», «nella comunione di tutti i santi»[1194] Colei che la Chiesa venera come la Madre del suo Signore e come sua propria Madre[1195]: « La Madre di Gesù, come in cielo, glorificata ormai nel corpo e nell'anima, è l'immagine e la primizia della Chiesa che dovrà avere il suo compimento nell'età futura, così sulla terra brilla come un segno di sicura speranza e di consolazione per il popolo di Dio in cammino»[1196].

[1186] IDEM, 62.
[1187] IDEM, 60.
[1188] IDEM, 62.
[1189] *Lc 1,48.*
[1190] PAOLO VI, *Marialis cultus*. Esortazione apostolica, 02.02.1974, 56.
[1191] CONCILIO ECUMENICO VATICANO II, LG, 66.
[1192] Cfr. IDEM, SC, 103.
[1193] PAOLO VI, *Marialis cultus*, 42.
[1194] CONCILIO ECUMENICO VATICANO II, LG, 69.
[1195] CCC 972.
[1196] CONCILIO ECUMENICO VATICANO II, LG, 68.

6.6 Credo la remissione dei peccati

Il Credo mette in relazione la remissione dei peccati[1197] con la professione di fede nello Spirito Santo. Infatti Cristo risorto ha affidato agli Apostoli il potere di perdonare i peccati quando ha loro donato lo Spirito Santo: « *Ricevete lo Spirito Santo; a chi rimetterete i peccati saranno rimessi e a chi non li rimetterete, resteranno non rimessi»*[1198].

Ci chiediamo «in che modo ci vengono perdonati i peccati?». Principalmente attraverso il Battesimo, che ci unisce a Cristo morto e risorto e ci dona lo Spirito Santo. Il Signore Gesù stesso ha legato il perdono dei peccati alla fede e al Battesimo: «*Andate in tutto il mondo predicate il vangelo ad ogni creatura. Chi crederà e sarà battezzato sarà salvo»*[1199].Scrive il *Catechismo Romano:*

> «La remissione dei peccati nella Chiesa avviene innanzitutto quando l'anima professa per la prima volta la fede. Con l'acqua battesimale, infatti, viene concesso un perdono talmente ampio che non rimane più alcuna colpa – né originale né ogni altra contratta posteriormente – e viene rimessa ogni penitenza da scontare. La grazia del Battesimo, peraltro, non libera la nostra natura dalla sua debolezza, anzi non vi è quasi nessuno che non debba lottare «contro la concupiscenza, fomite continuo del peccato»[1200].

Ma «oltre al Battesimo esistono altre forme di perdono dei peccati?». Secondo la volontà di Cristo, la Chiesa possiede il potere di perdonare i peccati dei battezzati e lo esercita per mezzo dei Vescovi e dei Presbiteri, normalmente nel sacramento della Penitenza. È per mezzo del Sacramento della Penitenza che il battezzato può essere riconciliato con Dio e con la Chiesa: «I Padri hanno giustamente chiamato la Penitenza «un battesimo laborioso»[1201]. «Per coloro che sono caduti dopo il Battesimo questo sacramento della Penitenza è necessario alla salvezza come lo stesso Battesimo per quelli che non sono stati ancora rigenerati»[1202]. Annotava opportunamente sant'Agostino, in merito alla facoltà che la Chiesa ha di rimettere i peccati, altrimenti nota come «potere delle chiavi»[1203]: «se nella Chiesa non ci fosse la remissione dei peccati, non ci sarebbe nessuna speranza, nessuna speranza di una vita eterna e di una liberazone eterna. Rendiamo grazie a Dio che ha fatto alla sua Chiesa un tale dono»[1204].

1197 Cfr. CCC 976-987.
1198 *Gv 20,22-23.*
1199 *Mc 16,15-16.*
1200 CATECHISMO ROMANO, 1, 11 ,3.
1201 GREGORIO NAZIANZENO, *Orationes*, 39, 17: PG 36, 356A.
1202 CONCILIO DI TRENTO¸ *Sessione XIV*, *De sacramento paenitentiae*: DS 1672.
1203 Cfr. CCC 981-983.
1204 AGOSTINO D'IPPONA, *Sermones*, 214, 11: PL 38, 1071-1072.

CAPITOLO SETTIMO

LE ULTIME REALTÀ DELLA FEDE

(CCC 988 -1060)

Aspetto la risurrezione dei morti
e la vita del mondo che verrà.

7.1 Credo la Risurrezione della carne

La risurrezione della carne: è compimento della creazione. L'azione creatrice, salvifica e santificante di Dio Padre, Figlio e Spirito Santo, culmina nella proclamazione della risurrezione dei morti alla fine dei tempi e nella vita eterna[1205].

Risorgeremo perché Cristo è risorto. I cristiani fermamente credono e fermamente sperano che, come Cristo è veramente risorto dai morti e vive per sempre, così pure i giusti, dopo la morte, vivranno per sempre con Cristo risorto, e che Egli li risusciterà nell'ultimo giorno[1206].

La risurrezione della carne è opera della Santissima Trinità. Come la sua [di Cristo], anche la nostra risurrezione sarà opera della Santissima Trinità[1207]. Se lo Spirito di Colui che ha risuscitato Gesù dai morti abita in voi, colui che ha risuscitato Cristo dai morti darà la vita anche ai vostri corpi mortali per mezzo del suo Spirito che abita in voi[1208]. Dice Gesù della sua vita nel Vangelo: *«nessuno me la toglie, ma la offro da me stesso, poiché ho il potere di offrirla e il potere di riprenderla di nuovo»*[1209].

La risurrezione della carne saà per una vita immortale. L'espressione «risurrezione della carne» significa che, dopo la morte, non ci sarà soltanto la vita dell'anima immortale, ma che anche i nostri «corpi mortali» riprenderanno la vita[1210].

Si tratta di un elemento essenziale della fede cristiana. Credere nella risurrezione dei morti è stato un elemento essenziale della fede cristiana fin dalle sue origini: «*Fiducia christianorum resurrectio mortuorum; illam credentes, sumus* – La risurrezione dei morti è la fede dei cristiani: credendo in essa siamo tali[1211].

> *«Come possono dire alcuni tra voi che non esiste risurrezione dei morti? Se non esiste risurrezione, dai morti, neanche Cristo è risuscitato! Ma se Cristo non è risuscitato, allora è vana la nostra predicazione ed è vana anche la vostra fede. Ora, invece, Cristo è risuscitato dai morti, primizia di coloro che sono morti»*[1212].

7.1.1 La Risurrezione di Cristo e la nostra

La risurrezione dei morti è stata rivelata da Dio al suo popolo progressivamente nella storia della salvezza. La risurrezione dei morti è da leggersi in relazione all'azione creativa di Dio e alla

---

1205 Cfr. CCC 988.
1206 CCC 989.
1207 IDEM.
1208 CCC 990; *Rm 8,11*; cfr. *1 Ts 4,14*; *1 Cor 6,14*; *2 Cor 4,14*; *Fil 3,10-11.*
1209 *Gv 10,18.*
1210 CCC 990; *Rm 8,11.*
1211 CCC 991; TERTULLIANO, *De resurrectione mortuorum,* 1,1 : PL 2, 841.
1212 *1 Cor 15,12-14.20.*

sua alleanza con Abramo e la sua discendenza. Essa si è imposta come conseguenza intrinseca della fede in un Dio creatore di tutto intero l'uomo, anima e corpo, e della alleanza che Dio ha stipulato con Abramo e la sua discendenza. Le parole dei martiri Maccabei, alcuni istanti prima di essere uccisi, esprimono bene questa duplice prospettiva: «*il Re del mondo, dopo che saremo morti per le sue leggi, ci risusciterà a vita nuova ed eterna*»[1213] [....] *è bello morire a causa degli uomini, per attendere da Dio l'adempimento delle speranze da Lui di nuovo risuscitati*»[1214].

7.1.2 Gesù lega la Risurrezione dei morti alla sua stessa persona

Cristo, vincitore della morte, è la risurrezione: «*Io sono la risurrezione e la vita*»[1215]. Gesù ha risuscitato alcuni morti quale segno e caparra della risurrezione finale. Durante la sua vita terrena, riporta in vita alcuni morti come segno e caparra della risurrezione degli uomini al termine della storia[1216].

Gesù, nel segno di Giona[1217] e nel segno della ricostruzione del Tempio[1218], preannuncia la sua risurrezione. Più volte, ai suoi discepoli, ne ha dato esplicito annuncio: al terzo giorno dopo essere stato messo a morte[1219].

7.1.3 I cristiani testimoni della Risurrezione

I cristiani sono i testimoni della risurrezione di Gesù dai morti e della propria risurrezione in Cristo. Essere suoi testimoni è loro prerogativa essenziale. Leggiamo, a proposito dell'elezione di Mattia associato al Collegio Apostolico che caratteristica fondamentale è essere «*testimone della sua risurrezione*»[1220] e ancora aver «*mangiato e bevuto con Lui dopo la sua risurrezione dai morti*»[1221].

Fondamento della fede è l'incontro con Cristo Risorto. La speranza cristiana nella risurrezione nasce dagli incontri con Cristo risorto[1222]. Questa è la nostra fede: noi risusciteremo come Lui, con Lui, per mezzo di Lui[1223].

Non va per nulla taciuta la negazione della risurrezione dei morti. Fin dagli inizi, la fede cristiana nella risurrezione del corpo ha incontrato incomprensioni ed opposizioni. Due episodi emblematici sono la disputa di Gesù con i Sadducei e il discorso dell'apostolo Paolo all'Areopago di Atene. Ai Sadducei, che negano la risurrezione dei morti, Cristo risponde: «*Non siete voi forse in errore dal momento che non conoscete le Scritture, né la potenza di Dio?* [...] *Dio non è Dio dei morti, ma dei viventi!*»[1224]. Ai notabili e ai pensatori ateniesi Paolo dice di Cristo, a proposito del Padre:

> «*dandone a tutti, prova sicura col risuscitarlo dai morti. Quando sentirono parlare di risurrezione di morti, alcuni lo deridevano, altri dissero: "Ti sentiremo su questo un'altra volta". Così Paolo uscì da quella riunione. Ma alcuni aderirono a lui e divennero credenti, fra questi anche Dionigi membro dell'Areopago, una donna di nome Dàmaris e altri con loro*»[1225].

[1213] *2 Mac 7,9.*
[1214] *2 Mac 7,14.*
[1215] *Gv 11,25.*
[1216] Cfr. *Mc 5,21-43*; *Lc 7,11*; *Gv 11.*
[1217] Cfr. *Mt 12,39.*
[1218] Cfr. *Gv 2,19-22.*
[1219] Cfr. *Mc 10,34.*
[1220] *At 1,22*; *4,33.*
[1221] *At 10,41.*
[1222] Cfr. CCC 995.
[1223] IDEM.
[1224] *Mc 12,24.27.*
[1225] *At 17,31b-34.*

Ancora in Grecia, questa volta ai Corinzi, l'Apostolo delle Genti scive:

«Vi ho trasmesso dunque, anzitutto, quello che anch'io ho ricevuto: che cioè Cristo morì per i nostri peccati secondo le Scritture, fu sepolto ed è risuscitato il terzo giorno secondo le Scritture, e che apparve a Cefa e quindi ai Dodici. In seguito apparve a più di cinquecento fratelli in una sola volta: la maggior parte di essi vive ancora, mentre alcuni sono morti. Inoltre apparve a Giacomo, e quindi a tutti gli apostoli. Ultimo fra tutti apparve anche a me come a un aborto. Io infatti sono l'infimo degli apostoli e non sono degno neppure di essere chiamato apostolo, perché ho perseguitato la Chiesa di Dio. Per grazia di Dio però sono quello che sono, e la sua grazia in me non è stata vana; anzi ho faticato più di tutti loro, non io però, ma la grazia di Dio che è con me. Pertanto, sia io che loro, così, predichiamo e così avete creduto»[1226].

«Ora, se si predica che Cristo è risuscitato dai morti, come possono dire alcuni tra voi che non esiste risurrezione dei morti? Se non esiste risurrezione dai morti, neanche Cristo è risuscitato! Ma se Cristo non è risuscitato, allora è vana la nostra predicazione ed è vana anche la vostra fede. Noi, poi, risultiamo falsi testimoni di Dio, perché contro Dio abbiamo testimoniato che Egli ha risuscitato Cristo, mentre non lo ha risuscitato, se è vero che i morti non risorgono. Se infatti i morti non risorgono, neanche Cristo è risorto; ma se Cristo non è risorto, è vana la vostra fede e voi siete ancora nei vostri peccati. E anche quelli che sono morti in Cristo sono perduti. Se poi noi abbiamo avuto speranza in Cristo soltanto in questa vita, siamo da compiangere più di tutti gli uomini»[1227].

«Cristo è risuscitato dai morti, primizia di coloro che sono morti»[1228].

7.1.4 Significato della Risurrezione della carne

Dio risusciterà la nostra carne restituendole una vita incorruttibile. Con la morte, separazione dell'anima e del corpo, il corpo dell'uomo cade nella corruzione, mentre la sua anima va incontro a Dio, pur restando in attesa di essere riunita al suo corpo glorificato. Dio nella sua onnipotenza restituirà definitivamente la vita incorruttibile ai nostri corpi riunendoli alle nostre anime, in forza della risurrezione di Gesù[1229].

Ci chiediamo:

- chi risusciterà? Tutti gli uomini che sono morti: «*Usciranno* [dai sepolcri], *quanti fecero il bene per una risurrezione di vita e quanti fecero il male per una risurrezione di condanna*[1230].
- Come? Cristo è risorto con il proprio corpo: «*Guardate le mie mani e i miei piedi: sono proprio io!*»; ma Egli non è ritornato ad una vita terrena. Allo stesso modo, in Lui, «tutti risorgeranno coi corpi di cui ora sono rivestiti», ma questo corpo sarà trasfigurato in corpo glorioso, in «corpo spirituale»[1231].
- Quando? Definitivamente «nell'ultimo giorno»; «alla fine del mondo». Infatti, la risurrezione dei morti è intimamente associata alla parusia di Cristo[1232]: «*perchè il Signore stesso, a un ordine, alla voce dell'arcangelo e al suono della tromba di Dio, discenderà dal cielo. E prima risorgeranno i morti in Cristo*»[1233].

1226 *1 Cor 15,3-11.*
1227 *1 Cor 15,12-19.*
1228 *1 Cor 15,20.*
1229 CCC 997.
1202 CCC 998.
1231 CCC 999
1232 CCC 1001.
1233 *1 Ts 4,16.*

7.1.5 Altri significati della Risurrezione della carne

In Cristo, mediante il Battesimo, siamo *già* risuscitati. La vita cristiana, fin d'ora su questa terra, è una partecipazione alla morte e alla risurrezione di Cristo. Essa trova il suo fondamento nel sacramento del Battesimo: «*Con Lui infatti siete stati sepolti insieme nel Battesimo, in Lui anche siete stati insieme risuscitati per la fede nella potenza di Dio, che lo ha risuscitato dai morti.* [...] *Se siete risorti con Cristo, cercate le cose di lassù, dove si trova Cristo assiso alla destra di Dio*»[1234]. «*La morte è stata ingoiata per la vittoria. Dov'è, o morte, la tua vittoria? Dov'è, o morte, il tuo pungiglione?*»[1235].

Il Battesimo e l'Eucaristia ci rendono *già* partecipi della vita di Cristo e ci introducono nella vita eterna. I credenti, uniti a Cristo mediante il Battesimo, partecipano alla vita celeste di Cristo risorto, ma questa vita rimane «*nascosta con Cristo in Dio*». Con Lui, [Dio] ci ha anche risuscitati e ci ha fatti sedere nei cieli, in Cristo Gesù. Nutriti del suo Corpo nell'Eucaristia, apparteniamo *già* al corpo di Cristo[1236].

La partecipazione all'Eucaristia: fondamento della nostra risurrezione e anticipo dei beni futuri. Sarà Gesù stesso a risuscitare nell'ultimo giorno coloro che avranno creduto[1237] e che avranno mangiato il suo Corpo e bevuto il suo Sangue[1238]. La nostra partecipazione all'Eucaristia ci fa pregustare la trasfigurazione del nostro corpo per opera di Cristo:

> «Come il pane che è frutto della terra, dopo che è stata invocata su di esso la benedizione divina, non è più pane comune, ma Eucaristia, composta di due realtà, una terrena, l'altra celeste, così i nostri corpi che ricevono l'Eucaristia non sono più corruttibili, dal momento che portano in sé il germe della risurrezione»[1239].

Con l'Eucaristia partecipiamo *già* in modo mirabile alla vita di Cristo *in attesa* di goderla in pienezza. Mentre pregustiamo i beni della gloria futura restiamo *in attesa* della seconda e definitiva venuta di Cristo alla fine dei tempi. Così cantiamo nella liturgia: «Annunciamo la tua morte, Signore, proclamiamo la tua risurrezione, nell'attesa della tua venuta»[1240].

In attesa della nostra piena manifestazione a figli, quando risusciteremo nell'ultimo giorno: «allora» saremo anche noi manifestati con Lui nella gloria[1241]. L'universo stesso è in attesa di quel giorno: «*la creazione stessa attende con impazienza la rivelazione dei figli di Dio* [...] *essa non è la sola, ma anche noi* [...] *gemiamo interiormente aspettando* [...] *la redenzione del nostro corpo*[1242].

È importante vivere in prospettiva escatologica: «*non accumulatevi tesori sulla terra, dove tignola e ruggine consumano e dove ladri scassinano e rubano; accumulatevi invece tesori nel cielo, dove né tignola né ruggine consumano, e dove ladri non scassinano e non rubano. Perché là dov'è il tuo tesoro, sarà anche il tuo cuore*[1243]. Ed ancora:

> «*Poi dirò a me stesso: Anima mia, hai a disposizione molti beni, per molti, anni; riposati, mangia, bevi e datti alla gioia. Ma Dio gli disse: Stolto, questa notte stessa ti sarà richiesta la tua vita. E quello che hai preparato di chi sarà? Così è di chi accumula tesori per sé e non arricchisce davanti a Dio*»[1244].

1234 *1 Cor 2,12.*
1235 *1 Cor 15,54c-55.*
1236 CCC 1003.
1237 Cfr. *Gv 5,24-25*; *6,40.*
1238 Cfr. *Gv 6,54.*
1239 IRENEO DI LIONE, *Adversus haereses*, 4,18, 5: PG 7, 1028-1029; CCC 1000.
1240 MESSALE ROMANO, *Acclamazione dell'assemblea nella liturgia eucaristica.*
1241 IDEM.
1242 *Rm 8,19-23.* Il neretto è nostro.
1243 *Lc 12,33.*
1244 *Lc 12,19.*

«Ora, mentre quelle [le vergini stolte] *andavano per comprare l'olio, arrivò lo sposo e le vergini che erano pronte entrarono con lui alle nozze, e la porta fu chiusa. Più tardi arrivarono anche le altre vergini e incominciarono a dire: Signore, signore, aprici! Ma egli rispose: In verità vi dico: non vi conosco. Vegliate dunque, perché non sapete né il giorno né l'ora»*[1245] .

«Vegliate dunque, perché non sapete in quale giorno il Signore vostro verrà. Questo considerate: se il padrone di casa sapesse in quale ora della notte viene il ladro, veglierebbe e non si lascerebbe scassinare la casa. Perciò anche voi state pronti, perché nell'ora che non immaginate, il Figlio dell'uomo verrà»[1246].

«Chi non vuol lavorare neppure mangi. Sentiamo infatti che alcuni fra di voi vivono disordinatamente, senza far nulla e in continua agitazione. A questi tali ordiniamo, esortandoli nel Signore Gesù Cristo, di mangiare il proprio pane lavorando in pace»[1247].

«Se anche parlassi le lingue degli uomini e degli angeli, ma non avessi la carità [...] *se avessi il dono della profezia* [...] *ma non avessi la carità, non sono nulla. Se anche distribuissi tutte le mie sostanze e dessi il mio corpo per esser bruciato, ma non avessi la carità, niente mi giova. La carità è paziente, è benigna la carità; non è invidiosa la carità, non si vanta, non si gonfia, non manca di rispetto, non cerca il suo interesse, non si adira, non tiene conto del male ricevuto, non gode dell'ingiustizia, ma si compiace della verità. Tutto copre, tutto crede, tutto spera, tutto sopporta. La carità non avrà mai fine. Le profezie scompariranno; il dono delle lingue cesserà e la scienza svanirà.*[...] *Queste dunque le tre cose che rimangono: la fede, la speranza e la carità; ma di tutte più grande è la carità!»*[1248].

E come scriveva san Giovanni della Croce: Aalla sera della vita, saremo giudicati sull'amore»[1249].

7.1.6 Alla Risurrezione della carne è connesso il rispetto del corpo umano

Poiché destinato alla risurrezione e alla partecipazione alla dignità di Cristo, il corpo umano esige rispetto. Nell'attesa di quel giorno, il corpo e l'anima del credente già partecipano alla dignità di essere «in Cristo»; da qui l'esigenza di rispetto verso il proprio corpo, ma anche verso quello degli altri, particolarmente quando soffre: *«Il corpo è per il Signore e il Signore è per il corpo. Dio poi che ha risuscitato il Signore, risusciterà anche noi con la sua potenza. Non sapete che i vostri corpi sono membra di Cristo?* [...] *Non appartenete a voi stessi* [...] *Glorificate dunque Dio nel vostro corpo*[1250].

I fedeli uniti con Cristo nella morte, lo saranno anche nella risurrezione. Per risuscitare con Cristo, bisogna morire con Cristo, bisogna *«andare in esilio dal corpo e abitare presso il Signore»*. In questo *«essere sciolto»* che è la morte, l'anima viene separata dal corpo. Essa sarà riunita al suo corpo il giorno della risurrezione dei morti[1251].

7.1.7 La cremazione

Nel 2016, Papa Francesco ha approvato e ha permesso la pubblicazione dell'Istruzione *Ad resurgendum cum Christo*, circa la sepoltura dei defunti e la conservazione delle ceneri in caso di

---

1245 *Mt 25,3.*
1246 *Mt 24,43.*
1247 *2 Ts 3,10.*
1248 *1 Cor 13,1-13.*
1249 GIOVANNI DELLA CROCE, *Parole di luce e di amore*, 1, 57.
1250 *1 Cor 13-15.19-20.*
1251 CCC 1005; *2 Cor 5,8;* cfr. PAOLO VI, *Credo del popolo di Dio*, 28: AAS 60 (1968) 444.

cremazione della Congregazione per la Dottrina della Fede[1252]. Già l'allora Sant'Uffizio, con l'Istruzione *Piam et constantem* del 5 luglio 1963, aveva stabilito che fosse «fedelmente mantenuta la consuetudine di seppellire i cadaveri dei fedeli», aggiungendo però che la cremazione non era «di per sé contraria alla religione cristiana» e che non dovevano essere più negati i sacramenti e le esequie a coloro che avessero chiesto di farsi cremare, a condizione che tale scelta non fosse voluta «come negazione dei dogmi cristiani, o con animo settario, o per odio contro la religione cattolica e la Chiesa»[1253] Questo cambiamento della disciplina ecclesiastica fu poi recepito nel Codice di Diritto Canonico (1983) e nel Codice dei Canoni delle Chiese Orientali (1990). Nel frattempo la prassi della cremazione si è notevolmente diffusa in non poche Nazioni, non esclusa l'Italia, ma nel contempo si sono diffuse anche nuove idee in contrasto con la fede della Chiesa. Ecco perché nel 2016 una nuova *Istruzione* in materia della Congregazione per la Dottrina della Fede che riportiamo nei suoi passaggi più immediati.

> «Grazie a Cristo, la morte cristiana ha un significato positivo. La liturgia della Chiesa prega: «Ai tuoi fedeli, Signore, la vita non è tolta, ma trasformata; e mentre si distrugge la dimora di questo esilio terreno, viene preparata un'abitazione eterna nel cielo» (Messale Romano, *Prefazio dei defunti* I) Con la morte, l'anima viene separata dal corpo, ma nella risurrezione Dio tornerà a dare la vita incorruttibile al nostro corpo trasformato, riunendolo alla nostra anima. Anche ai nostri giorni la Chiesa è chiamata ad annunciare la fede nella risurrezione: «La risurrezione dei morti è la fede dei cristiani: credendo in essa siamo tali» (Tertulliano, *De resurrectione carnis*, 1,1: *CCL* 2, 921). Seguendo l'antichissima tradizione cristiana, la Chiesa raccomanda insistentemente che i corpi dei defunti vengano seppelliti nel cimitero o in altro luogo sacro Nel ricordo della morte, sepoltura e risurrezione del Signore, mistero alla luce del quale si manifesta il senso cristiano della morte, (CCC 1681) l'inumazione è innanzitutto la forma più idonea per esprimere la fede e la speranza nella risurrezione corporale (CCC 2300). Seppellendo i corpi dei fedeli defunti, la Chiesa conferma la fede nella risurrezione della carne (Sant'Agostino, *De cura pro mortuis gerenda*, 3, 5: *CSEL* 41, 628) e intende mettere in rilievo l'alta dignità del corpo umano come parte integrante della persona della quale il corpo condivide la storia (*Gaudium et spes*, 14). Non può permettere, quindi, atteggiamenti e riti che coinvolgono concezioni errate della morte, ritenuta sia come l'annullamento definitivo della persona, sia come il momento della sua fusione con la Madre natura o con l'universo, sia come una tappa nel processo della re–incarnazione, sia come la liberazione definitiva della "prigione" del corpo. Inoltre, la sepoltura nei cimiteri o in altri luoghi sacri risponde adeguatamente alla pietà e al rispetto dovuti ai corpi dei fedeli defunti, che mediante il Battesimo sono diventati tempio dello Spirito Santo e dei quali, «come di strumenti e di vasi, si è santamente servito lo Spirito per compiere tante opere buone» (Sant'Agostino, *De cura pro mortuis gerenda*, 3, 5: *CSEL* 41, 627). Il giusto Tobia viene lodato per i meriti acquisiti davanti a Dio per aver seppellito i morti (*Tb* 2, 9; 12, 12.), e la Chiesa considera la sepoltura dei morti come un'opera di misericordia corporale (CCC 2300)»[1254].

C'è, poi, un valore ecclesiale che non va dimenticato: «La sepoltura dei corpi dei fedeli defunti nei cimiteri o in altri luoghi sacri favorisce il ricordo e la preghiera per i defunti da parte dei familiari e di tutta la comunità cristiana nonché la venerazione dei martiri e dei santi. Mediante la sepoltura dei corpi nei cimiteri, nelle chiese o nelle aree ad esse adibite, la tradizione cristiana ha custodito la comunione tra i vivi e i defunti e si è opposta alla tendenza a occultare o privatizzare l'evento della morte e il significato che esso ha per i cristiani»[1255].

Al numero 4 si legge: «Laddove ragioni di tipo igienico, economico o sociale portino a scegliere la cremazione, scelta che non deve essere contraria alla volontà esplicita o ragionevolmente presunta del fedele defunto, la Chiesa non scorge ragioni dottrinali per impedire tale prassi poiché la cremazione del cadavere non tocca l'anima e non impedisce all'onnipotenza

---

[1252] CONGREGAZIONE PER LA DOTTRINA DELLA FEDE, *Ad resurgendum cum Christo.* Istruzione circa la sepoltura dei defunti e la conservazione delle ceneri in caso di cremazione, 15.08.2016.

[1253] *AAS* 56 (1964), 822-823.

[1254] *Ad resurgendum cum Christo*, op. cit., 3.

[1255] *Ibidem.*

divina di risuscitare il corpo e quindi non contiene l'oggettiva negazione della dottrina cristiana sull'immortalità dell'anima e la risurrezione dei corpi».

Resta, comunque, chiaramente espresso che: «La Chiesa continua a preferire la sepoltura dei corpi poiché con essa si mostra una maggiore stima verso i defunti; tuttavia la cremazione non è vietata «a meno che questa non sia stata scelta per ragioni contrarie alla dottrina cristiana».

In merito alla conservazione delle ceneri del defunto, ecco che cosa si legge nell'Istruzione, al numero 5:

> «Qualora per motivazioni legittime venga fatta la scelta della cremazione del cadavere, le ceneri del defunto devono essere conservate di regola in un luogo sacro, cioè nel cimitero o, se è il caso, in una chiesa o in un'area appositamente dedicata a tale scopo dalla competente autorità ecclesiastica.
> Sin dall'inizio i cristiani hanno desiderato che i loro defunti fossero oggetto delle preghiere e del ricordo della comunità cristiana. Le loro tombe divenivano luoghi di preghiera, della memoria e della riflessione. I fedeli defunti fanno parte della Chiesa, che crede alla comunione «di coloro che sono pellegrini su questa terra, dei defunti che compiono la loro purificazione e dei beati del cielo; tutti insieme formano una sola Chiesa» (CCC 962).
> La conservazione delle ceneri in un luogo sacro può contribuire a ridurre il rischio di sottrarre i defunti alla preghiera e al ricordo dei parenti e della comunità cristiana. In tal modo, inoltre, si evita la possibilità di dimenticanze e mancanze di rispetto, che possono avvenire soprattutto una volta passata la prima generazione, nonché pratiche sconvenienti o superstiziose»[1256].

Ai successivi numeri vi si legge:

> «6. Per i motivi sopra elencati, la conservazione delle ceneri nell'abitazione domestica non è consentita. Soltanto in caso di circostanze gravi ed eccezionali, dipendenti da condizioni culturali di carattere locale, l'Ordinario, in accordo con la Conferenza Episcopale o il Sinodo dei Vescovi delle Chiese Orientali, può concedere il permesso per la conservazione delle ceneri nell'abitazione domestica. Le ceneri, tuttavia, non possono essere divise tra i vari nuclei familiari e vanno sempre assicurati il rispetto e le adeguate condizioni di conservazione.
> 7. Per evitare ogni tipo di equivoco panteista, naturalista o nichilista, non sia permessa la dispersione delle ceneri nell'aria, in terra o in acqua o in altro modo oppure la conversione delle ceneri cremate in ricordi commemorativi, in pezzi di gioielleria o in altri oggetti, tenendo presente che per tali modi di procedere non possono essere addotte le ragioni igieniche, sociali o economiche che possono motivare la scelta della cremazione.
> 8. Nel caso che il defunto avesse notoriamente disposto la cremazione e la dispersione in natura delle proprie ceneri per ragioni contrarie alla fede cristiana, si devono negare le esequie, a norma del diritto (CIC 1184)»[1257].

7.1.8 Cos'è la Morte?

Grazie a Cristo, la morte cristiana ha un significato positivo: *«Per me il vivere è Cristo e il morire un guadagno»*[1258]. *«Certa è questa parola: se moriamo con Lui, vivremo anche con Lui»*[1259]. Sta proprio qui la novità essenziale della morte cristiana: mediante il Battesimo il cristiano è già sacramentalmente «morto con Cristo», per vivere di una vita nuova; e se noi moriamo nella grazia di Cristo, la morte fisica consuma questo «morire in Cristo» e compie così la nostra incorporazione a Lui nel suo atto redentore»[1260]. «Ogni mio desiderio terreno è crocifisso; [...] un'acqua viva mormora dentro di me e interiormente mi dice: "Viene al Padre"!»[1261]. «Voglio

[1256] *Ibidem*, 5.
[1257] *Ibidem*, 6-8.
[1258] *Fil 1,21.*
[1259] *2 Tm 2,11.*
[1260] CCC 1010.
[1261] IGNAZIO DI ANTIOCHIA, *Epistula ad Romanos*, 6,1-2: SC 10b, 114.

vedere Dio; ma per vederlo bisogna morire»[1262]. «Non muoio, entro nella vita»[1263]. «Ai tuoi fedeli, Signore, la vita non è tolta, ma trasformata; e mentre si distrugge la dimora di questo esilio terreno, viene preparata un'abitazione eterna nel cielo»[1264].

Morire per un verso è un evento naturale e la morte è «salario del peccato»[1265] e sua conseguenza[1266]. Coloro che muoiono nella grazia di Cristo, partecipano della morte del Signore, per poter partecipare anche alla sua risurrezione[1267].

La morte è la fine del tempo della grazia e della misericordia che Dio offre all'uomo per realizzare la sua vita terrena secondo il disegno divino e per decidere il suo destino ultimo[1268]. Quando è «finito quest'unico corso della nostra vita terrena» noi non torneremo più a vivere altre vite terrene. «È stabilito per gli uomini che muoiano una sola volta»[1269]. Non c'è «reincarnazione» dopo la morte[1270].

7.1.9 La Chiesa esorta a prepararci all'ora della nostra morte

Per ben morire, bisogna ben vivere. La Chiesa esorta i suoi figli a prepararsi alla propria morte. Ne è esempio la preghiera dell'Ave Maria: «*prega per noi adesso e nell'ora della nostra morte*». Nell'*Imitazione di Cristo* leggiamo:

> «In ogni azione, in ogni momento, dovresti comportarti come se tu dovessi morire oggi stesso; se avrai la coscienza retta, non avrai molta paura di morire. Sarebbe meglio star lontano dal peccato che fuggire la morte. Se oggi non sei preparato a morire, come lo sarai domani?»[1271].

San Francesco pregava:

> « Laudato si' mi' Signore per sora nostra morte corporale, da la quale nullu homo vivente pò scappare: guai a quelli che morrano ne le peccata mortali; beati quelli che trovarà ne le tue santissime voluntati, ka la morte secunda no 'l farrà male»[1272].

Lo stesso san Giuseppe, Patrono della Chiesa universale, è invocato per la grazia di una buona morte, Patrono dei moribondi.

7.1.10 In sintesi

«*Caro salutis cardo* – la carne è il cardine della salvezza». Noi crediamo in Dio che è il creatore della carne; crediamo nel Verbo fatto carne per riscattare la carne; crediamo nella risurrezione della carne, compimento della creazione e della redenzione della carne[1273].Con la morte l'anima viene separata dal corpo, ma nella risurrezione Dio tornerà a dare la vita incorruttibile al nostro corpo trasformato, riunendolo alla nostra anima. Come Cristo è risorto e vive per sempre, così tutti noi risusciteremo nell'ultimo giorno. Crediamo nella vera risurrezione della carne che abbiamo ora. Mentre, tuttavia, si semina nella tomba un corpo corruttibile, risuscita un corpo

---

1262 TERESA DI GESÙ BAMBINO, *Poesia*, 7: Biblioteca Mistica Carmelitana, VI, Burgos 1919, 86.
1263 IDEM, *Lettere*, 09.06.1897: Opere complete, LEV, Città del Vaticano 1997, 584.
1264 MESSALE ROMANO, *Prefazio dei defunti I.*
1265 CCC 1006; *Rm 6,23.*
1266 CCC 1008; cfr. *Gn 2,17; 3,3.19; Sap 1,13; 23-24; Rm 5,5.12*; *6,23; 1 Cor 15*,26; CONCILIO DI TRENTO, Sessione V, *Decretum de peccato originali*, canone 1*:* DS 1511; CONCILIO ECUMENJCO VATICANO II,GS, 18.
1267 Cfr. *Rm 6,3-9; Fil 3,10-11.*
1268 CCC 1013.
1269 CCC 1013; *Eb 9,27.*
1270 *Idem.*
1271 DE IMITATIONE CHRISTI, 1, 23, 5-8.
1272 FRANCESCO D'ASSISI, *Cantico delle creature.*
1273 CCC 1015; TERTULLIANO, *De resurrectione mortuorum,* 8, 2; PL 2, 852.

incorruttibile, un «corpo spirituale»[1274]. In conseguenza del peccato originale, l'uomo deve subire «la morte corporale, dalla quale sarebbe stato esentato se non avesse peccato»[1275].

Gesù, il Figlio di Dio, ha liberamente subito la morte per noi in una sottomissione totale e libera alla volontà di Dio, suo Padre. Con la sua morte ha vinto la morte, aprendo così a tutti gli uomini la possibilità della salvezza[1276].

7.2 Credo la vita eterna

Abbiamo appena detto che morire è andare incontro a Cristo nostra vita. Per il cristiano, che unisce la propria morte a quella di Gesù, la morte è come un andare verso di Lui ed entrare nella vita eterna. Così proclama la liturgia della Chiesa nelle parole di perdono dell'assoluzione di Cristo sul cristiano morente:

> «Parti, anima cristiana, da questo mondo, nel nome di Dio Padre onnipotente che ti ha creato, nel nome di Gesù Cristo, Figlio del Dio vivo, che è morto per te sulla croce, nel nome dello Spirito Santo, che ti è stato dato in dono, la tua dimora sia oggi nella pace della santa Gerusalemme, con la Vergine Maria, Madre di Dio, con San Giuseppe, con tutti gli angeli e i santi [...] Tu possa ritornare al tuo Creatore, che ti ha formato dalla polvere della terra. Quando lascerai questa vita, ti venga incontro la Vergine Maria con gli angeli e i santi [...] Mite e festoso ti appaia il volto di Cristo e possa tu contemplarlo per tutti i secoli in eterno»[1277].

7.2.1 Il giudizio particolare

La morte pone fine alla vita dell'uomo come tempo aperto all'accoglienza o al rifiuto della grazia divina apparsa in Cristo[1278]. Il Nuovo Testamento parla del giudizio principalmente nella prospettiva dell'incontro finale con Cristo alla sua seconda venuta, ma afferma anche, a più riprese, l'immediata retribuzione che, dopo la morte, sarà data a ciascuno in rapporto alle sue opere e alla sua fede[1279].

> «Ogni uomo fin dalla sua morte riceve nella sua anima immortale la retribuzione eterna, in un giudizio particolare che mette la sua vita in rapporto a Cristo, per cui o passerà attraverso una purificazione, o entrerà immediatamente nella beatitudine del cielo, oppure si dannerà immediatamente per sempre»[1280].

7.2.2 Il cielo

Coloro che muoiono nella grazia e nell'amicizia di Dio e che sono perfettamente purificati, vivono per sempre con Cristo. Sono sempre simili a Dio, perché lo vedono «*così come Egli è*», «*a faccia a faccia*[1281]».

[1274] CCC 1017; *1 Cor 15,44.*

[1275] CCC 1018; CONCILIO DI LIONE II, *Professione di fede di Michele Paleólogo,* DS 854; cfr. *1 Cor 15,42*; CONCILIO ECUMENICO VATICANO II, GS, 18.

[1276] CCC 1019.

[1277] SACRAMENTO DELL'UNZIONE E CURA PASTORALE DEGLI INFERMI, *Raccomandazione dei moribondi*, nn.236-237.

[1278] CCC 1021.

[1279] CCC 1021; cfr. *Lc 16, 22*; *23,43*; *2 Cor 5,8*; *Fil 1,23*; *Eb 9,27*; *12 23*; *Mt 16,26.*

[1280] CCC 1022; cfr. CONCILIO DI LIONE II, *Professione di fede di Michele Paleologo:* DS 856; CONCILIO DI FIRENZE, *Decretum pro Graecis:* DS 1304; CONCILIO DI TRENTO, Sessione XXV, *Decretum de purgatorio:* DS 1820; CONCILIO DI LIONE II, *Professione di fede di Michele Paleologo:* DS 856; GIOVANNI XXII, *Ne Super his.* Bolla, 03.12.1334: DS 991; BENEDETTO XII, *Benedictus Deus.* Costituzione, 25.04.1342,: DS 1000-1001; CONCILIO DI FIRENZE, *Decretum pro Graecis:* DS 1305.

[1281] CCC 1023; cfr. *1 Gv 3,2*; *1 Cor 13,12*; *Ap 22,4.*

Così si esprime sinteticamente la Chiesa circa le ultime realtà:

«Con la nostra apostolica autorità definiamo che, per disposizione generale di Dio, le anime di tutti i santi morti prima della passione di Cristo [...] e quelle di tutti i fedeli morti dopo aver ricevuto il santo Battesimo di Cristo, nelle quali al momento della morte non c'era o non ci sarà nulla da purificare, oppure, se in esse ci sarà qualcosa da purificare, quando, dopo la morte, si saranno purificate [...] anche prima della risurrezione dei loro corpi e del giudizio universale – e questo dopo l'ascensione del Signore e Salvatore Gesù Cristo al cielo – sono state, sono e saranno in cielo, associate al regno dei cieli e al paradiso celeste con Cristo, insieme con i santi angeli. E dopo la passione e la morte del nostro Signore Gesù Cristo, esse hanno visto e vedono l'essenza divina in una visione intuitiva e anche faccia a faccia, senza la mediazione di alcuna creatura»[1282].

La vita del cielo è comunione con la Santissima Trinità, con la Vergine Maria, con gli Angeli e con i Santi. Questa vita perfetta, questa comunione di vita con i Beati è chiamata «cielo»[1283].

Il cielo è il fine ultimo dell'esistenza umana, è la realizzazione delle sue aspirazioni più profonde, lo stato di felicità suprema e definitiva[1284]. Vivere in cielo è «essere con Cristo»[1285]:

«Per me infatti il vivere è Cristo e il morire un guadagno. Ma se il vivere nel corpo significa lavorare con frutto, non so davvero che cosa debba scegliere. Sono messo alle strette infatti, tra queste due cose: da una parte il desiderio di essere sciolto dal corpo per essere con Cristo, il che sarebbe assai meglio; d'altra parte, è più necessario per voi che io rimanga nella carne»[1286].

Nel cielo, in Cristo l'uomo trova la sua vera identità. Gli eletti vivono «in Lui», ma conservando, anzi, trovando la loro vera identità, il loro proprio nome[1287]. «*Vita est enim esse cum Cristo; ideo ubi Christus, ibi vita, ibi Regnum* – la vita, infatti, è stare con Cristo, perché dove c'è Cristo, lì c'è la vita, lì c'è il Regno»[1288].

Con la sua morte, la sua risurrezione e la sua ascensione Gesù Cristo ci ha «aperto» il cielo[1289]. Nel «cielo», Cristo associa alla sua glorificazione celeste coloro che hanno creduto in Lui e che sono rimasti fedeli alla sua volontà[1290]. Il «cielo» è la beata Comunità di tutti coloro che sono perfettamente incorporati in lui[1291]. Il mistero di comunione beata con Dio e con tutti coloro che sono in Cristo supera ogni possibilità di comprensione e descrizione. La Scrittura ce ne parla con immagini: vita, luce, banchetto di nozze, vino del Regno, casa del Padre, Gerusalemme celeste, paradiso: «*quelle cose che occhio non vide, né orecchio udì, né mai entrarono in cuore di uomo, queste ha preparato Dio per coloro che lo amano*»[1292].

7.2.2.1 La visione beatifica di Dio

In Cielo, gli eletti vedranno Dio. A motivo della sua trascendenza, Dio non può essere visto quale è se non quando Egli stesso apre il suo mistero alla contemplazione immediata dell'uomo e gliene dona la capacità[1293]. È Gesù Cristo che ci rivela il mistero di Dio: «*Dio nessuno l'ha mai*

1282 BENEDETTO XII, *Benedictus Deus:* DS 1000; cfr. CONCILIO ECUMENICO VATICANO II, LG, 49.
1283 CCC 1024.
1284 IDEM.
1285 CCC 1025; cfr. *Gv 14,3*; *Fil 1,23; 1 Ts 4*,17.
1286 *2 Ts 3,10.*
1287 CCC 1025; cfr. *Ap 2,17.*
1288 AMBROGIO DI MILANO, *Expositio evangelii secundum Lucam,* 10,121: PL 15, 1927.
1289 CCC 1026.
1290 IDEM.
1291 IDEM.
1292 CCC 1027; *1 Cor 2,9.*
1293 CCC 1028.

visto: proprio il Figlio -unigenito, che è nel seno del Padre, Lui lo ha rivelato»[1294]. In Gesù Cristo l'uomo contempla già il volto di Dio: «*Chi ha visto me ha visto il Padre»*[1295]:

> «Questa sarà la tua gloria e la tua felicità: essere ammesso a vedere Dio, avere l'onore di partecipare alle gioie della salvezza e della luce eterna insieme con Cristo, il Signore tuo Dio [...] godere nel regno dei cieli, insieme con i giusti e gli amici di Dio, le gioie dell'immortalità raggiunta»[1296].

7.2.2.2 *I Beati nel «Cielo» compiono e compiranno per sempre la volontà di Dio*

Qual è la condizione dei Beati nel Cielo? I Beati, nel Cielo, liberi da ogni male e purificati da ogni concupiscenza, resi conformi all'immagine di Cristo, partecipi della gloria divina, aderiranno completamente e perfettamente alla volontà di Dio e non potranno e vorranno più peccare[1297].

Nella gloria del cielo i Beati continuano a compiere con gioia la volontà di Dio in rapporto agli altri uomini e all'intera creazione. Regnano già con Cristo; con Lui «regneranno nei secoli dei secoli[1298]».

7.2.3 Il Purgatorio

Coloro che muoiono nella grazia e nell'amicizia di Dio, ma sono imperfettamente purificati, sebbene siano certi della loro salvezza eterna, vengono però sottoposti, dopo la loro morte, ad una purificazione, al fine di ottenere la santità necessaria per entrare nella gioia del cielo[1299].

La Chiesa chiama <u>Purgatorio</u> questa purificazione finale degli eletti, che è tutt'altra cosa dal castigo dei dannati[1300]. La realtà del Purgatorio è rivelata da Dio. Così afferma la Sacra Scrittura:

> «*Mettiti presto d'accordo con il tuo avversario mentre sei per via con lui, perché l'avversario non ti consegni al giudice e il giudice alla guardia e tu venga gettato in prigione. In verità ti dico: non uscirai di là finché tu non abbia pagato fino all'ultimo spicciolo!*»[1301].

San Paolo scrive: «Ma se l'opera finirà bruciata, sarà punito: tuttavia egli si salverà, però come attraverso il fuoco»[1302]. E san Pietro: «*Perché il valore della vostra fede, molto più preziosa dell'oro, che, pur destinato a perire, tuttavia si prova col fuoco, torni a vostra lode, gloria e onore nella manifestazione di Gesù Cristo*»[1303]. Nel Vangelo, Gesù assicura: «*A chiunque parlerà male del Figlio dell'uomo sarà perdonato; ma la bestemmia contro lo Spirito non gli sarà perdonata né in questo secolo, né in quello futuro*»[1304].
Commentando il suddetto passo della Scrittura così afferma San Gregorio Magno:

> «Per quanto riguarda alcune colpe leggere, si deve credere che c'è, prima del giudizio, un fuoco purificatore; infatti colui che è la Verità afferma che, se qualcuno pronuncia una bestemmia contro lo Spirito Santo, non gli sarà perdonata né in questo secolo, né in quello futuro. Da questa affermazione si deduce che certe colpe possono essere rimesse in questo secolo, ma certe altre nel secolo futuro»[1305].

[1294] *Gv 1,18.*
[1295] *Gv 14, 9.*
[1296] CIPRIANO DI CARTAGINE, *Epistula* 58,10: PL 4, 367-368.
[1297] Cfr. CCC 1029.
[1298] *IDEM.*
[1299] CCC 1030; cfr. CONCILIO DI FIRENZE, *Decretum pro Graecis*: DS 1304; CONCILIO DI TRENTO, Sessione VI, *Decretum de iustificatione*, canone 30: DS 1580.
[1300] CCC 1031.
[1301] *Mt 5,25-26.*
[1302] *1 Cor 3,15.*
[1303] *1Pt 1,7.*
[1304] *Mt 12,32.*
[1305] GREGORIO MAGNO, *Dialoghi,* 4,41,3: PL 77, 396.

7.2.4 La preghiera per i defunti

L'insegnamento del Purgatorio poggia anche sulla preghiera per i defunti di cui la Sacra Scrittura già parla: «*Perciò* [Giuda Maccabeo] *fece offrire il sacrificio espiatorio per i morti, perché fossero assolti dal peccato*»[1306].

Fin dai primi tempi, la Chiesa ha onorato la memoria dei defunti e ha offerto per loro suffragi, in particolare il sacrificio eucaristico, affinché, purificati, possano giungere alla visione beatifica di Dio. La Chiesa raccomanda anche le elemosine, le indulgenze e le opere di penitenza a favore dei defunti[1307]:

> «Rechiamo loro soccorso e commemoriamoli. Se i figli di Giobbe sono stati purificati dal sacrificio del loro padre perché dovremmo dubitare che le nostre offerte per i morti portino loro qualche consolazione? [...] Non esitiamo a soccorrere coloro che sono morti e ad offrire per loro le nostre preghiere»[1308].

Mediante il Battesimo ogni credente costituisce in un solo Spirito un solo corpo (cf. 1Cor 12,13), il Corpo mistico di Cristo, costituito dalla Chiesa celeste e da quella peregrinante. Nell'incorporazione a Cristo, tutti i battezzati sono uniti tra loro (cf. Ef 4,16) nell'amore verso Dio e il prossimo, secondo un vincolo di comunione di carità che neanche la morte spezza. Scirvono i Padri al Vaticano II:

> «L'unione quindi di quelli che sono ancora in cammino coi fratelli morti nella pace di Cristo non è minimamente spezzata; anzi, secondo la perenne fede della Chiesa, è consolidata dallo scambio dei beni spirituali»[1309].

Uno di questi beni spirituali è proprio la preghiera dei vivi per i defunti:

> «La Chiesa di coloro che camminano sulla terra, riconoscendo benissimo questa comunione di tutto il corpo mistico di Gesù Cristo, fino dai primi tempi della religione cristiana coltivò con grande pietà la memoria dei defunti e, 'poiché santo e salutare è il pensiero di pregare per i defunti perché siano assolti dai peccati' (2Mac 12,45), ha offerto per loro anche suffragi»[1310].

Il testo citato di 2 Mac fa parte della pericope 12,38-45 che narra il sacrificio fatto da Giuda Maccabeo e dai suoi compagni come espizione per le colpe dei morti. A seguito della battaglia di Iamnia, l'eroe maccabeo andò a raccogliere i cadaveri dei caduti per seppellirli. Nel compiere questa opera di misericordia si accorse che i caduti si erano impossessati di oggetti offerti agli idoli filistei che avrebbero dovuto essere bruciati. Volendo espiare, riparare questo peccato di cupidigia che i correligionari caduti avevano commesso, Giuda e i suoi compagni «si misero a pregare, supplicando che il peccato commesso fosse pienamente perdonato» (12,42) e fu decisa una colletta «perché fosse offerto un sacrificio per il peccato, compiendo così un'azione molto buona e nobile, suggerita dal pensiero della risurrezione. Perché, se non avesse avuto ferma fiducia che i caduti sarebbero risuscitati, sarebbe stato superfluo e vano pregare per i morti... Perciò egli fece offrire il sacrificio espiatorio per i morti, perché fossero assolti dal peccato» (12,43-45).
In questa preghiera di suffragio per le anime dei defunti si esprime così l'amore e la solidarietà dei vivi verso coloro che sono morti, ma sono viventi presso Dio. «La nostra preghiera per loro può non solo aiutarli, ma anche rendere efficace la loro intercessione in nostro favore»[1311].

1306 *2 Mac 12,45.*
1307 CCC 1032.
1308 GIOVANNI CRISOSTOMO, *In epistulam I ad Corinthios homilia* 41, 5: PG 61, 361.
1309 CONCILIO ECUMENICO VATICANO II, *Lumen gentium.* Costituzione dogmatica sulla Chiesa, 21.11.1964, 49.
1310 *Ibidem*, 50.
1311 CCC 958.

Più avanti, sempre nel Secondo Libro dei Maccabei, 15,12-16, il testo biblico riporta la preghiera dei morti per i vivi. Giuda narra di una visione durante la quale gli apparvero due giusti, Onia e Geremia. Il sommo sacerdote Onia, uomo virtuoso, «onesto e buono, modesto nel portamento, mite nel contegno, spedito ed elegante nel parlare, occupato fin dalla fanciullezza in tutto ciò che è proprio della virtù, con le mani protese pregava per tutta la comunità dei Giudei. Poi, allo stesso modo, era apparso un uomo distinto per età senile e maestà, circonfuso di dignità meravigliosa e piena di magnificenza. Presa la parola Onia disse: 'Questi è l'amico dei suoi fratelli, che prega molto per il popolo e per la città santa, Geremia il profeta di Dio» (15,12-14). Grazie alla preghiera di Onia e di Geremia il giorno dopo Giuda Maccabeo vinse la battaglia contro Nicànore e ristabilì il culto legittimo nel tempio di Gerusalemme.

Sull'intercessione e la fraterna sollecitudine della Chiesa celeste per i vivi, la *Lumen Gentium* così si esprime:

> «A causa infatti della loro più intima unione con Cristo, gli abitanti del cielo rinsaldano tutta la Chiesa nella santità, nobilitano il culto che essa rende a Dio qui in terra e in molteplici maniere contribuiscono ad una più ampia edificazione (cfr. 1Cor 12,12-27). Ammessi nella patria e presenti al Signore (cfr. 2Cor 5,8), per mezzo di lui, con lui e in lui non cessano di intercedere per noi presso il Padre offrendo i meriti acquistati in terra mediante Gesù Cristo, unico mediatore tra Dio e gli uomini (cfr. 1 Tm 2,5). La nostra debolezza quindi è molto aiutata dalla loro fraterna sollecitudine»[1312] .

La preghiera dei vivi per i morti e la preghiera dei morti per i vivi: la circolarità della comunione dei santi. Anche Dante nel suo *Purgatorio* dà prova di credere a questa verità di fede. Ad esempio, nel canto V, Iacopo del Cassero chiede al Poeta pellegrino che ritornato in terra, se si troverà ad essere nelle terre romangnole di quell'anima, dica ai suoi che preghino per lui perché «possa purgar le gravi offese»; Bonconte da Montefeltro chiede faccia lo stesso per lui la sua vedova Giovanna e Pia de' Tolomei che si ricordi di lei, quando Dante sarà tornato al mondo dei vivi. Del resto, in precedenza, anche Manfredi di Svevia aveva chiesto al Divin Poeta che tornato tra i vivi parlasse di lui alla figlia Costanza, chiedendole di pregare per il padre, «ché qui per quei di là molto s'avanza»[1313].

7.2.5 L'Inferno

Non possiamo essere uniti a Dio se non scegliamo liberamente di amarlo. Ma non possiamo amare Dio se pecchiamo gravemente contro di Lui, contro il nostro prossimo o contro noi stessi[1314]. *«Chi non ama rimane nella morte. Chiunque odia il proprio fratello è omicida e voi sapete che nessun omicida possiede in se stesso la vita eterna»*[1315].

Morire in peccato mortale senza essersene pentiti e senza accogliere l'amore misericordioso di Dio, significa rimanere separati per sempre da Lui per una nostra libera scelta. Ed è questo stato di definitiva autoesclusione dalla comunione con Dio e con i Beati che viene designato con la parola Inferno[1316].

Gesù parla ripetutamente della «*Geenna*», del «*fuoco inestinguibile*»[1317], che è riservato a chi sino alla fine della vita rifiuta di credere e di convertirsi e dove possono perire sia l'anima che il corpo[1318]. Il Signore Gesù annunzia con parole severe: *«Il Figlio dell'uomo manderà i suoi angeli, i quali raccoglieranno tutti gli operatori di iniquità e li getteranno nella fornace ardente*[1319][...] *ed*

[1312] LG, 49.
[1313] Cfr. DANTE ALIGHIERI, *Divina Commedia. Purgatorio*, V, vv. 72, 89, 130-136 e III, v. 145.
[1314] CCC 1033.
[1315] *1 Cor 3,14-15.*
[1316] CCC 1033.
[1317] Cfr. *Mt 5,22.29*; *13,42.50*; *Mc 9,43-48.*
[1318] Cfr. *Mt 10,28.*
[1319] *Mt 13,41-42.*

Egli pronunzierà la condanna: "Via, lontano da me, maledetti, nel fuoco eterno!"»[1320].
La Chiesa nel suo insegnamento afferma l'esistenza dell'inferno e la sua eternità[1321].

7.2.6 Il giudizio finale

Alla morte del singolo uomo, abbiamo detto, avverrà il giudizio particolare della sua anima, in attesa del giudizio finale[1322] che sarà preceduto dalla risurrezione di tutti i morti, «dei giusti e degli ingiusti»[1323].
Accadrà così: «*L'ora in cui tutti coloro che sono nei sepolcri udranno la sua voce* [del Figlio dell'uomo] *e ne usciranno: quanti fecero il bene per una risurrezione di vita e quanti fecero il male per una risurrezione di condanna*[1324].
Allora Cristo «*verrà nella sua gloria, con tutti i suoi angeli* [...] *E saranno riunite davanti a Lui tutte le genti, ed Egli separerà gli uni dagli altri, come il pastore separa le pecore dai capri, e porrà le pecore alla sua destra e i capri alla sinistra* [...] *E se ne andranno, questi al supplizio eterno e i giusti alla vita eterna*»[1325].
Davanti a Cristo che è la verità sarà definitivamente messa a nudo la verità sul rapporto di ogni uomo con Dio[1326]:

> «Tutto il male che fanno i cattivi viene registrato a loro insaputa. Il giorno in cui Dio non tacerà [...] Egli si volgerà verso i malvagi e dirà loro: "Io avevo posto sulla terra i miei poverelli, per voi. Io, loro capo, sedevo nel cielo alla destra di mio Padre, ma sulla terra le mie membra avevano fame. Se voi aveste donato alle mie membra, il vostro dono sarebbe giunto fino al capo. Quando ho posto i miei poverelli sulla terra, li ho costituiti come vostri fattorini perché portassero le vostre buone opere nel mio tesoro: voi non avete posto nulla nelle loro mani, per questo non possedete nulla presso di me"»[1327].

Quando avverrà il giudizio finale? Il giudizio finale avverrà al momento del ritorno glorioso di Cristo (*parusia*). Soltanto il Padre ne conosce l'ora e il giorno, Egli solo decide circa la sua venuta. Per mezzo del suo Figlio Gesù pronunzierà allora l'ultima parola definitiva su tutta la storia. Conosceremo il senso ultimo di tutta l'opera della creazione e di tutta l'economia della salvezza e comprenderemo le mirabili vie attraverso le quali la Provvidenza divina avrà condotto ogni cosa verso il suo fine ultimo. Il giudizio finale manifesterà che la giustizia di Dio trionfa su tutte le ingiustizie commesse dalle sue creature e che il suo amore è più forte della morte[1328].
Il messaggio del giudizio finale chiama alla conversione fin tanto che Dio dona agli uomini il «*momento favorevole, il giorno della salvezza*»[1329].

7.2.7 La speranza dei cieli e della terra nuova

Dopo il giudizio universale i giusti regneranno per sempre con Cristo, glorificati in corpo e anima, e lo stesso universo sarà rinnovato. Allora la Chiesa

> «avrà il suo compimento [...] nella gloria del cielo, quando verrà il tempo della restaurazione di tutte le cose e quando con il genere umano anche tutto il mondo, il quale è intimamente unito con l'uomo e

---

1320 *Mt 25,41.*
1321 CCC 1035.
1322 CCC 1038.
1323 *At 24,15.*
1324 *Gv 5,28-29.*
1325 *Mt 25,31-33.46.*
1326 CCC 1039; cfr. *Gv 12,48.*
1327 AGOSTINO D'IPPONA, *Sermo* 18, 4,4: PL 38, 130-131.
1328 CCC 1040; cfr. *Ct 8,6.*
1329 CCC 1041; *2 Cor 6,2.*

per mezzo di lui arriva al suo fine, sarà perfettamente ricapitolato in Cristo»[1330].

L'assemblea di tutti i credenti è la Chiesa, «la quale in terra costituisce «il germe e l'inizio» del Regno di Dio»[1331].

> «La Chiesa, fornita dei doni del suo fondatore e osservando fedelmente i suoi precetti di carità, di umiltà e di abnegazione, riceve la missione di annunziare e instaurare in tutte le genti il regno di Cristo e di Dio e di questo regno costituisce in terra il germe e l'inizio. Intanto, mentre va lentamente crescendo, anela al regno perfetto e con tutte le sue forze spera e brama di unirsi col suo re nella gloria»[1332].

Questo misterioso rinnovamento, che trasformerà l'umanità e il mondo, dalla Sacra Scrittura è definito con l'espressione *«i nuovi cieli e una terra nuova»*[1333]. Sarà la realizzazione definitiva del disegno di Dio di *«ricapitolare in Cristo tutte le cose, quelle del cielo come quelle della terra»*[1334]. In questo nuovo universo, la Gerusalemme celeste, Dio avrà la sua dimora in mezzo agli uomini. Egli *«tergerà ogni lacrima dai loro occhi; non ci sarà più la morte, né lutto, né lamento, né affanno perché le cose di prima sono passate»*[1335].

La creazione, alla fine dei tempi, giungerà al suo pieno compimento. Per l'uomo questo compimento sarà la realizzazione definitiva dell'unità del genere umano, voluta da Dio fin dalla creazione e di cui la Chiesa nella storia è «come sacramento». Coloro che saranno uniti a Cristo formeranno la comunità dei redenti, la «Città santa» di Dio, «la Sposa dell'Agnello». Essa non sarà più ferita dal peccato, dalle impurità, dall'amor proprio, che distruggono o feriscono la comunità terrena degli uomini. La visione beatifica, nella quale Dio si manifesterà in modo inesauribile agli eletti, sarà sorgente perenne di gaudio, di pace e di reciproca comunione[1336]. L'intero universo attende il compimento della redenzione:

> *«la creazione stessa attende con impazienza la rivelazione dei figli di Dio* [...] *e nutre la speranza di essere lei pure liberata dalla schiavitù della corruzione. Sappiamo bene infatti che tutta la creazione geme e soffre fino ad oggi nelle doglie del parto; essa non è la sola, ma anche noi, che possediamo le primizie dello Spirito, gemiamo interiormente aspettando l'adozione a figli, la redenzione del nostro corpo»*[1337].

Tutta la creazione parteciperà alla glorificazione degli uomini in Cristo affinché il mondo stesso, restaurato nel suo stato primitivo, sia, senza più alcun ostacolo, al servizio dei giusti[1338].

Ignoriamo il tempo in cui avranno fine la terra e l'umanità e non sappiamo il modo con cui sarà trasformato l'universo. Passa certamente l'aspetto di questo mondo, deformato dal peccato. Sappiamo, però, dalla Rivelazione che Dio prepara una nuova abitazione e una terra nuova, in cui abita la giustizia e la cui felicità sazierà sovrabbondantemente tutti i desideri di pace che salgono nel cuore degli uomini.

In attesa del compimento di questa realtà, fatta oggetto di speranza beata, lavoriamo in terra

---

1330 CONCILIO ECUMENICO VATICANO II, LG, 48. Emblematica, a riguardo, la scena del ritorno glorioso di Cristo Giudice dei vivi e dei morti affrescata da Michelangelo nella parete di fondo della Cappella Sistina (1536-1541). Il Pittore dipinge san Pietro nell'atto di riconsegnare a Cristo le chiavi del Regno, come ricapitolazione di tutto e naturale conclusione di un mandato, l'affidamento delle stesse, che Pietro di Cristoforo Vannucci detto semplicemente il Perugino aveva affrescato nel 1481-1482 sulla parete nord della Cappella Sistina, come quinta scena a partire dall'altare del ciclo di storie dell'AT e del NT presenti sulle due pareti laterali.

1331 CCC 541.

1332 CONCILIO ECUMENICO VATICANO II, LG, 5.

1333 *2 Pt 3,13.*

1334 *Ef 1,10.*

1335 *Ap 21,4*; cfr. *21,27.*

1336 CCC 1045.

1337 *Rm 8,19-21.*

1338 IRENEO DI LIONE, *Adversus haereses,* 5, 32,1: PG 7, 1210.

per la costruzione del Regno dei cieli.

Scrivono i Padri al Concilio Vaticano II:

«Allora, vinta la morte, i figli di Dio saranno risuscitati in Cristo e ciò che fu seminato nella debolezza e nella corruzione rivestirà l'incorruzione; e restando la carità con i suoi frutti, sarà liberata dalla schiavitù della vanità tutta quella realtà che Dio ha creato appunto per l'uomo. Certo, siamo avvertiti che niente giova all'uomo se guadagna il mondo intero ma perde se stesso. Tuttavia l'attesa di una terra nuova non deve indebolire, bensì piuttosto stimolare la sollecitudine nel lavoro relativo alla terra presente, dove cresce quel corpo dell'umanità nuova che già riesce a offrire una certa prefigurazione che adombra il mondo nuovo. Pertanto, benché si debba accuratamente distinguere il progresso terreno dallo sviluppo del regno di Cristo, tuttavia, nella misura in cui può contribuire a meglio ordinare l'umana società, tale progresso è di grande importanza per il regno di Dio[1339]. Infatti, i beni, quali la dignità dell'uomo, la fraternità e la libertà e cioè tutti i buoni frutti della natura e della nostra operosità, dopo che li avremo diffusi sulla terra nello Spirito del Signore e secondo il suo precetto, li ritroveremo poi di nuovo, ma purificati da ogni macchia, illuminati e trasfigurati, allorquando Cristo rimetterà al Padre il regno eterno e universale: "che è regno di verità e di vita, regno di santità e di grazia, regno di giustizia, di amore e di pace". Qui sulla terra il regno è già presente, in mistero; ma con la venuta del Signore, giungerà a perfezione»[1340].

Dio allora sarà «*tutto in tutti*»[1341] nella vita eterna:

«La vita, nella sua stessa realtà e verità, è il Padre, che attraverso il Figlio nello Spirito Santo riversa come fonte su tutti noi i suoi doni celesti. E per la sua bontà promette veramente anche a noi uomini i beni divini della vita eterna»[1342].

Leggiamo nella Sacra Scrittura: «*Io lo so che il mio redentore è vivo e che ultimo si ergerà sulla polvere! ... io, lo vedrò, io stesso, e i miei occhi lo contempleranno non da straniero*»[1343]. «*Questa è la volontà del Padre mio: che chiunque vede il Figlio e crede in Lui abbia la vita eterna; e io lo risusciterò nell'ultimo giorno*»[1344].

1339 CONCILIO ECUMENICO VATICANO II, GS, 39.

1340 IDEM.

1341 *1 Cor 15,28.*

1342 CIRILLO DI GERUSALEMME, *Catecheses illuminandorum*, 18, 29: PG 33, 1049.

1343 *Gb 19,25.27.*

1344 *Gv 6,40.*

CONCLUSIONE

Rivolgendosi ai partecipanti alla plenaria del *Pontificio Consiglio della Cultura*, papa Benedetto XVI diceva:

> «Esorto soprattutto i Pastori del gregge di Dio a una missione instancabile e generosa per affrontare, sul terreno del dialogo e dell'incontro con le culture, dell'annuncio del Vangelo e della testimonianza, il preoccupante fenomeno della secolarizzazione, che indebolisce la persona e la ostacola nel suo innato anelito verso la Verità tutta intera»[1345].

Alle angosciate domande dell'uomo espresse in versi da Giacomo Leopardi, nel suo *Canto notturno di un pastor errante per l'Asia*:

> «A che tante facelle?
> che fa l'aria infinita, e quel profondo
> infinito seren? che vuol dir questa
> solitudine immensa? ed io che sono?
> Cosí meco ragiono: e della stanza
> smisurata e superba,
> e dell'innumerabile famiglia;
> poi di tanto adoprar, di tanti moti
> d'ogni celeste, ogni terrena cosa,
> girando senza posa,
> per tornar sempre là donde son mosse;
> uso alcuno, alcun frutto
> indovinar non so»[1346],

la risposta è solo la Luna[1347] a possederla: «Ma tu per certo, giovinetta immortal, conosci il tutto».

La fede non ci dà la risposta ad ogni nostra domanda così come, magari, il nostro cuore desiderebbe.
La fede dono di Dio e continua risposta dell'uomo, fondamento delle cose che si sperano e prova di quelle che non si vedono»[1348], «sustanza di cose sperate e argomento de le non parventi»[1349], è «terra d'incontro» tra l'umano e il divino. E in Cristo il divino e l'umano si sono mirabilmente uniti.
Facciamo, allora, nostro il grido dello Spirito e della Chiesa: «Vieni![1350]» e lasciamoci

---

1345 BENEDETTO XVI, *Discorso ai partecipanti all'Assemblea Plenaria del Pontificio Consiglio della Cultura*, 08.03.2008.

1346 Cfr. G. LEOPARDI, *Canto notturno di un pastore errante dell'Asia.*

1347 Cfr. IDEM, *Canto notturno di un pastore errante dell'Asia*: «Ma tu mortal non sei, e forse del mio dir poco ti cale. Pur tu, solinga, eterna peregrina, che sí pensosa sei, tu forse intendi, questo viver terreno, il patir nostro, il sospirar, che sia; che sia questo morir, questo supremo scolorar del sembiante, e perir dalla terra, e venir meno ad ogni usata, amante compagnia. E tu certo comprendi il perché delle cose, e vedi il frutto del mattin, della sera, del tacito, infinito andar del tempo. Tu sai, tu certo, a qual suo dolce amore rida la primavera, a chi giovi l'ardore, e che procacci il verno co' suoi ghiacci. Mille cose sai tu, mille discopri, che son celate al semplice pastore. Spesso quand'io ti miro star cosí muta in sul deserto piano, che, in suo giro lontano, al ciel confina».

1348 *Eb 11,1.*

1349 Cfr. DANTE ALIGHIERI, *Divina Commedia. Paradiso*, XXIV, vv. 64-66. Cfr. V. M. MAJURI, *"Nel mezzo del cammin de la mia vita...". Percorsi di riflessione nel 750° anniversario della nascita di Dante Alighieri*, op. cit., 165-181; IDEM, *«Fede è sustanza di cose sperate e argomento delle non parventi; e questa pare a me sua quiditate» (Par. XXIV, vv. 64-66). La virtù della fede per Dante Alighieri*, op. cit., 43-64.

1350 *Ap 22,17.*

invadere il cuore dalla risposta del Signore: «Sì, verrò presto!»[1351]. Egli è la nostra speranza, la luce per il nostro cammino, la forza per annunciare la salvezza con l'entusiasmo e il coraggio apostolico della Comunità cristiana della prima ora.

Tutti ascoltare e con tutti dialogare, senza perdere se stessi, convinti di quanto già scriveva il Dottore Angelico: «Ogni verità, da chiunque sia detta, proviene dallo Spirito Santo»[1352].

Non sarà, dunque, la strada del relativismo o del sincretismo religioso, quella da percorrere per la pacifica convivenza, piuttosto quella di una fede *ripensata* e *vissuta*. Con le parole di papa Benedetto XVI: «La Chiesa annuncia, ed è tenuta ad annunciare, il Cristo che è «via, verità e vita[1353]», in cui gli uomini devono trovare la pienezza della vita religiosa e in cui Dio ha riconciliato con se stesso tutte le cose»[1354], la Chiesa «in uscita» che desidera papa Francesco, quella «comunità di discepoli missionari che prendono l'iniziativa, che si coinvolgono, che accompagnano, che fruttificano e festeggiano»[1355]

1351 *Ap 22,20.*

1352 TOMMASO D'AQUINO, *Summa Theologiae*, I-II, q. 109, a. 1, ad 1: «*omne verum, a quocumque dicatur, a Spritu Sancto est*»; si veda anche IDEM, *Super Evangelium Johannis*, c. 8, lect. 1; IDEM, *In I ad Corinthios*, c. 12, lect. 1; IDEM *In II ad Thimoteum*, c. 3, lect. 3.

1353 *Gv 14,6.*

1354 BENEDETTO XVI, *Messaggio per la XLIV Giornata Mondiale della Pace*, 01.01.2011.

1355 FRANCESCO, *Evangelii gaudium*. Esortazione Apostolica, 24.11.2013, 24.

BIBLIOGRAFIA

AGOSTINO D'IPPONA, *Enarratio in Psalmum* LXXIV,4: PL 37, 948-949.

AGOSTINO, *Enarratio in Psalmos*, CIII,1,15.

AGOSTINO D'IPPONA, *Sermo* 18, 4,4: PL 38, 130-131.

AGOSTINO D'IPPONA, *Sermones*, 78, 6: PL 38, 492-493.

AGOSTINO D'IPPONA, *Sermo* 96, 7, 9: PL 38, 588.

AGOSTINO D'IPPONA, *Sermones*, 214, 11: PL 38, 1071-1072.

AGOSTINO D'IPPONA, *Sermo* 268, 2: PL 38, 1232.

AGOSTINO D'IPPONA, *Sermo* 341,1,1: PL 39,1493; Ibid. 9,11: PL 39, 1499.

AGOSTINO D'IPPONA, *Epistula* CLXXXVII,11,34: PL 33, 845.

AGOSTINO D'IPPONA, *In Evangelium Johamnis tractatus*, 21, 8.

AGOSTINO D'IPPONA, *De sancta virginitate*, 6, 6: PL 40, 399.

ALIGHIERI DANTE, *Divina Commedia. Paradiso.*

AMBROGIO DI MILANO, *De virginitate*, 18, 119: PL 16, 297.

AMBROGIO DI MILANO, *Expositio evangelii secundum Lucam,* 10,121: PL 15, 1927.

ANASTASIO II, *Lettera In prolixitate epistulae*: DS 359

ATANASIO DI ALESSANDRIA, *De Incarnatione*, 54, 3: PG 25, 192B.

BASILIO DI CESAREA, *Adversus Eunomium*, 3,1: PG 29, 656B.

BENEDETTO XII, *Benedictus Deus*. Costituzione, 25.04.1342 : DS 1000-1001.

BENEDETTO XVI, *Discorso ai partecipanti all'Assemblea Plenaria del Pontificio Consiglio della Cultura*, 08.03.2008.

BENEDETTO XVI, *Messaggio per la XLIV Giornata Mondiale della Pace*, 01.01.2011.

BENEDETTO XVI, *Porta fidei*. Motu proprio per l'indizione dell'Anno della fede, 11.10.2011.

BASILIO MAGNO, *Liber de Spiritu Sancto*, 15, 36: SC 17bis, 370: PG 32,132.

BERNARDO DI CHIARAVALLE, *In Canticum sermo*, 27, 7,14: Opera, ed. J. Leclercq - CH. Talbot - H. Rochais, I, Roma 1957, 191.

CATECHISMO ROMANO, 1, 5, 11: Rodríguez P. (ed.), Città del Vatìcano-Pamplona 1989.

CIPRIANO DI CARTAGINE, *Epistula* 58,10: PL 4, 367-368.

CIRILLO DI ALESSANDRIA, *Commentarius in Iohannem*, 11,11: PG 74,561.

CLEMENTE D'ALESSANDRIA, *Paedagogus*, 1, 6,42: PG 8, 300.

CIRILLO DI GERUSALEMME, *Catecheses illuminandorum*, 18, 29: PG 33, 1049.

CLEMENTE ROMANO, *Epistula ad Corinthios*, 42, 4: SC 167,168-170; *Ibidem*, 44, 2: SC 167,172.

CONCILIO DI NICEA I (325): DS 125-129

CONCILIO DI COSTANTINOPOLI I (381): DS 150-151

CONCILIO DI EFESO (431): DS 250-268

CONCILIO LATERANENSE (649): DS 500-522.

CONCILIO DI TOLEDO XI (675): DS 525-541.

CONCILIO DI COSTANTINOPOLI III (687)

CONCILIO DI NICEA II (787): DS 600-609.

CONCILIO LATERANENSE IV (1215): DS 800-820.

CONCILIO DI LIONE II (1274): DS 850-865

CONCILIO DI FIRENZE: (1439-1445): DS 1300-1308.

CONCILIO DI TRENTO (1545-1563): DS 1500-1835.

CONCILIO VATICANO I (1869-1870): DS 3000-3075.

CONCILIO ECUMENICO VATICANO II (1962-1965): DS 4001-4359.

CONGREGAZIONE PER LA DOTTRINA DELLA FEDE, *Lettera ai Vescovi d'Inghilterra*, 14.09.1864: DS 2888.

CONGREGAZIONE PER LA DOTTRINA DELLA FEDE, *Decretum de millenarismo*, 19.07.1944: DS 3839.

CONGREGAZIONE PER LA DOTTRINA DELLA FEDE, *Lettera all'Arcivescovo di Boston*, 08.08.1949: DS 3866-3872.

CONGREGAZIONE PER LA DOTTRINA DELLA FEDE, *Indicazioni pastorali per l'Anno della fede*, 06.01.2012.

CONGREGAZIONE PER LA DOTTRINA DELLA FEDE, *Ad resurgendum in Christo*, 15.08.2016.

DE IMITATIONE CHRISTI.

FRANCESCO D'ASSISI, *Admonitio*.

FRANCESCO D'ASSISI, *Cantico delle creature*.

FRANCESCO, *Evangelii gaudium*, 24.11.2013.

GIOVANNI CRISOSTOMO, *In epistulam I ad Corinthios homilia* 41, 5: PG 61, 361.

GIOVANNI DAMASCENO, *Expositio fidei*, 71 [*De fide orthodoxa*, 3, 27]: PG 94, 1098.

GIOVANNI DELLA CROCE, *Llama de amor viva*: Biblioteca Mistica Carmelitana, XIII, Burgos 1931, 1-102; 103-213.

GIOVANNI DELLA CROCE, *Parole di luce e di amore*, 1, 57.

GIOVANNI EUDES, *Tractatus de regno Iesu*, in LITURGIA DELLE ORE, IV, Ufficio delle letture del venerdì della XXXIII settimana.

GIOVANNI XXII, *Ne Super his*. Bolla, 03.12.1334: DS 991.

GIOVANNI PAOLO II, *Redemptor hominis*. Lettera enciclica all'inizio del suo ministero pontificale, 04.03.1979.

GIOVANNI PAOLO II, *Dominum et vivificantem*. Lettera enciclica sullo Spirito Santo nella vita della Chiesa e del mondo, 18.05.1986.

GIOVANNI PAOLO II, *Mulieris dignitatem*. Lettera apostolica sulla dignità e la vocazione della donna, 15.08.1988.

GIOVANNI PAOLO II, *Christifideles laici*. Esortazione apostolica post-sinodale, 30.12.1988.

GIOVANNI PAOLO II, *Redemptoris missio*. Lettera enciclica sul valore permanente del mandato missionario, 07.12.1990.

GIOVANNI PAOLO II, *Novo millennio ineunte*. Lettera apostolica a conclusione del Grande Giubileo del 2000, 06.01.2001.

GREGORIO MAGNO, *Sicut aqua*. Lettera al patriarca Eulogio d'Alessandria: DS 475.

GREGORIO MAGNO, *Moralia in Job*, praef., 1, 6, 4: PL 75, 25A.

GREGORIO MAGNO, *Dialoghi*, 4,41, 3: PL 77, 396.

GREGORIO NAZIANZENO, *Orationes*, 40, 9: PG 36, 369B.

GREGORIO NAZIANZENO, *Oratio* 31 (Theologica 5), 26: 250, 326: PG 36, 161-164.

GREGORIO DI NISSA, *Oratio catechetica*, 15: PG 45, 48B.

GREGORIO DI NISSA, *De tridui inter mortem et resurrectionem Domini nostri Iesu Christi spatio*: Gregorii Nysseni opera, ed. W. Jaeger - H. Langerbedk, v. 9 (Leiden 1967) p. 293-294: PG 46, 417.

GREGORIO DI NISSA, *Adversus Macedonianos de Spiritu Sancto*, 16: Gregorii Nysseni opera, ed. W. Jaeger-H. Langerbeck, v. 31 (Leiden 1958): PG 45,1321.

GROZIO U., *De Jure belli ac pacis*, Prolegomeni, XI.

IGNAZIO DI ANTIOCHIA, *Epistula ad Romanos*, 1,1.

ILARIO DI POITIERS, *In evangelium Matthaei,* 2: PL 9, 927

IPPOLITO DI ROMA, *Traditio apostolica*, 35: ed. B. Botte (Münster i.W. 1989), 82.

IRENEO DI LIONE, *Adversus haereses*, 3, 19, 1.

IRENEO DI LIONE, *Demonstratio praedicationis apostolicae*, 7.

LEONE MAGNO, *Sermones,* 21, 2-3: PL 54, 224B.

LEOPARDI GIACOMO, *Canto notturno di un pastore errante dell'Asia*.

LITURGIA BIZANTINA, Tropario «*O Monoghenis*».

LITURGIA DELLE ORE, voll. I, II, III, IV.

MASSIMO IL CONFESSORE, *Quaestiones et dubia*, 66: PG 990, 840A.

MASSIMO IL CONFESSORE, *Opuscula theologica et polemica*: PG 91, 137-140.

MAJURI V.M., *Io credo. Appunti per un cammino di formazione cristiana,* Messina 2012.

MAJURI V.M., *L'amicizia è ancora possibile oggi? Le risposte sapienziali nella storia del pensiero occidentale*, Roma 2013.

MAJURI V. M., *«Fede è sustanza di cose sperate e argomento de le non parventi; e questa pare a me sua quiditate»* (*Par. XXIV, vv. 64-66*). *La virtù della fede per Dante Alighieri*, in Littera 3 (2014) 2, 43-64.

MAJURI V.M., *"Nel mezzo del cammin de la mia vita...". Percorsi di riflessione nel 750° anniversario della nascita di Dante Alighieri*, Roma 2015.

MESSALE ROMANO, Ex decreto sacrosancti Oecumenici Concilii Vaticani II instauratum auctoritate Pauli pp. VI promulgatum, Editio Typica Altera, Città del Vaticano 1975.

ORIGENE D'ALESSANDRIA, *In Ezechielem homilia*, 9,1: PG 13, 732.

PAOLO VI, *Discorso ai Padri Conciliari alla conclusione della terza Sessione del Concilio Ecumenico II*, 21.11.1964.

PAOLO VI, *Discorso del 5 gennaio 1964 a Nazaret*, cfr. LITURGIA DELLE ORE, I, Ufficio delle Letture della festa della Santa Famiglia.

PAOLO VI, *Credo del popolo di Dio*: AAS 60 (1968).

PAOLO VI, *Discorso al Sacro Collegio dei Cardinali*, 22.06.1973.

PAOLO VI, *Marialis cultus*. Esortazione apostolica, 02.02.1974.

PAOLO VI, *Evangelii nuntiandi*. Esortazione apostolica, 08.12.1975.

PIO XI, *Divini Redemptoris*. Lettera enciclica, 19.03.1937.

PIO XII, *Mystici corporis*. Lettera enciclica, 29.06.1943.

PIO XII, *Munificentissimus Deus*. Costituzione apostolica, 01.11.1950.

ROMANO IL MELODE, *Kontakion*.

ROSA DA LIMA: P. Hansen, *Vita mirabilis* [...], Roma 1664, 137.

SANT'ORMISDA, *Lettera Inter ea quae*. Lettera all'imperatore Giustino: DS 369

Statuta Ecclesiae Antiqua: DS 325.

TERESA DI GESÙ BAMBINO, *Manoscritto B*. Manoscritti autobiografici: Opere complete, III, LEV, Città del Vaticano 1997.

TERESA DI GESÙ BAMBINO, *Poesia*, 7: Biblioteca Mistica Carmelitana, VI, Burgos 1919.

TERTULLIANO, *De resurrectione mortuorum*, 1,1 : PL 2, 841.

TOMMASO D'AQUINO, *Super Evangelium Johannis*.

TOMMASO D'AQUINO, *In I ad Corinthios*.

TOMMASO D'AQUINO, *In II ad Thimoteum*.

TOMMASO D'AQUINO, *Opusculum 57 in festo Corporis Christi*.

TOMMASO D'AQUINO, *Summa Theologiae*.

INDICE

Printed by Books on Demand GmbH, Norderstedt / Germany